世界のなかの日本の歴史

一冊でわかる幕末

【監修】大石 学

河出書房新社

監修のことば

本書は、慶応《けいおう》3年（1867年）に江戸幕府が歴史的役割を終える幕末期に焦点《しょうてん》をあて、同時期の世界史の出来事にも注目しつつ、複雑なストーリーや人物・事件をわかりやすく説明する意図のもとに編集されました。

250年以上に及ぶ長期政権の江戸《えど》幕府は、社会経済の発展により、社会格差を拡大し矛盾・危機を深刻化させる一方、近代化に成功した欧米諸国の衝撃《しょうげき》（ウエスタンインパクト）を受け、明治政府へと政権を交代しました。

しかし、この政権交代は、江戸時代の長期の「平和」と「文明化」の成果・達成でもありました。この間成長してきた民衆の力を基礎《きそ》に、幕府や諸藩《しょはん》の中下級武士たちが、政治の主導権を握ったのです。そして、その過程は、世界でも珍《めずら》しい短期的かつ犠牲《ぎせい》の少ない「日本型近代化」でもありました。さまざまな政治勢力や国家構想の交錯をへて成立した明治政府は、江戸時代の成果と達成を否定・放棄したのではなく、これを受け継《つ》ぎ発展させる形で、新たな政治をスタートさせたのです。

もくじ

監修のことば……3
幕末のおもな藩と勢力……6

プロローグ……7
世界のなかの幕末維新期……8

第一章 鎖国の限界……17
迫られた「開国」―黒船来航―……18
開国派と鎖国派の対立―安政の改革―……26
「開国」の返答―日米和親条約の締結―……38
井伊直弼、大老就任
―日米修好通商条約の調印―……41
慶福か、慶喜か―将軍継嗣問題―……50
幕末の偉人❶ジョン万次郎……57

第二章 開国の動乱……59
高まる不満―一橋派の不時登城―……60
孝明天皇の勅書―戊午の密勅―……64
大老の強権発動―安政の大獄―……65
倒幕派の象徴―吉田松陰―……72
大獄の終結―桜田門外の変―……76
幕末の偉人❷佐久間象山……86

第三章 幕府の衰退……87
和宮の降嫁―公武合体策―……88
「国父」久光、東上する
―寺田屋事件と文久の改革―……92
薩摩藩、攘夷の困難を知る―薩英戦争―……97
長州藩、京より追放―八月十八日の政変―……99
新選組、表舞台へ―池田屋事件―……101
御所への発砲―禁門の変・第1次長州戦争―……112
長州藩、攘夷の不可能を悟る―下関戦争―……115
幕末の偉人❸トーマス・グラバー……120

第四章 倒幕の決断 121

長州の藩論転換 ―奇兵隊挙兵事件― 122
薩摩の藩論転換 ―勝海舟の薫陶― 127
坂本龍馬という男①
―土佐勤王党による吉田東洋暗殺― 138
坂本龍馬という男② ―薩長同盟― 145
倒幕派の逆襲 ―第2次長州戦争― 152
逆襲の一手 ―大政奉還― 158
幕末の偉人❹福沢諭吉 168

第五章 内戦の果て 169

徳川の退場 ―王政復古の大号令・小御所会議― 170
鳥羽・伏見の戦い ―戊辰戦争、はじまる― 176
徳川家存続の切願
―江戸無血開城・五箇条の御誓文― 184
近藤勇の最期 ―甲州勝沼の戦い― 192
彰義隊の抵抗 ―上野戦争― 194
東北諸藩の決起 ―奥羽越列藩同盟― 197
ガトリング銃の威力 ―北越戦争・長岡城の戦い― 202
悲劇の総力戦 ―会津戦争― 203
戊辰戦争、終わる ―箱館戦争― 208
最後の内戦
―版籍奉還・廃藩置県・征韓論・西南戦争― 214
明治維新の正体 ―江戸の達成と官僚の革命― 217
年表 220

コラム

1 江戸時代の最先端知識「蘭学」 36
2 万年元年遣米使節団 48
3 長州五傑 70
4 近世日本の権力構造 110
5 会津藩の洋式軍備化 136
6 岩倉使節団 182
7 スムーズな政権交代 212

幕末のおもな藩と勢力

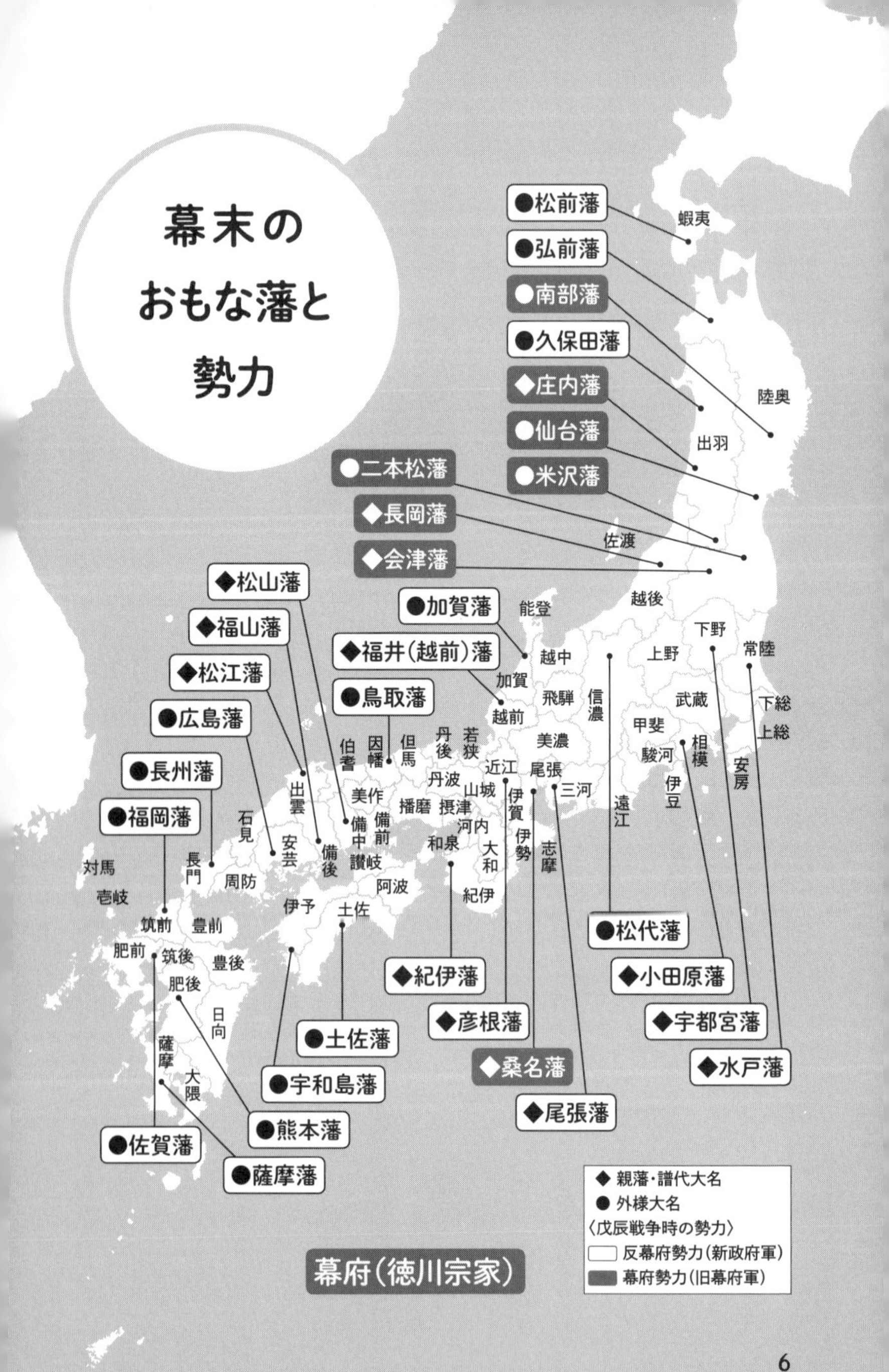

●松前藩
●弘前藩
●南部藩
●久保田藩
◆庄内藩
●仙台藩
●米沢藩
●二本松藩
◆長岡藩
◆会津藩
◆松山藩
●加賀藩
◆福山藩
◆福井(越前)藩
◆松江藩
●鳥取藩
●広島藩
●長州藩
●福岡藩
●松代藩
◆紀伊藩
◆小田原藩
◆彦根藩
◆宇都宮藩
●土佐藩
◆桑名藩
◆水戸藩
●宇和島藩
◆尾張藩
●熊本藩
●佐賀藩
●薩摩藩
幕府(徳川宗家)
蝦夷
陸奥
出羽
佐渡
越後
能登
越中
加賀
越前
飛騨
信濃
上野
下野
常陸
武蔵
下総
上総
安房
相模
甲斐
駿河
伊豆
遠江
三河
尾張
美濃
近江
若狭
丹後
但馬
因幡
伯耆
丹波
山城
伊賀
伊勢
志摩
大和
河内
和泉
摂津
紀伊
播磨
美作
備前
備中
備後
出雲
石見
安芸
周防
長門
讃岐
阿波
伊予
土佐
対馬
壱岐
筑前
豊前
肥前
筑後
豊後
肥後
日向
薩摩
大隅
◆ 親藩・譜代大名
● 外様大名
〈戊辰戦争時の勢力〉
反幕府勢力(新政府軍)
幕府勢力(旧幕府軍)

プロローグ

prologue

世界のなかの幕末維新期《いしんき》

250年以上にわたる江戸時代の「徳川将軍体制」は、1867年（慶応《けいおう》3年）の「王政復古の大号令」により、終焉《しゅうえん》を迎《むか》えました。このとき日本は、江戸《えど》幕府が統治する近世から、明治政府が統治する近代へと移行しました。

維新とは、旧体制が一新され改まることを意味しますが、はたして幕末から明治にかけて、実際の日本社会はどのような変化を遂《と》げたのでしょうか。

明治維新といえば一般《いっぱん》には、近代化の幕開けや、新国家誕生のように語られますが、本当にそうだったのでしょうか。

この疑問を解き明かすには、日本の「鎖国《さこく》」状態がどのようなものだったのか、その理解が重要な鍵《かぎ》となります。15〜16世紀以降、世界規模の交易が盛んになるなか、日本は独自の鎖国政策を展開しますが、その実態は、今日想像されるものとは異なる特徴《とくちょう》を持っていました。

江戸時代以前、東アジア海域では、「倭寇《わこう》」と呼ばれる多民族集団が、海賊行為《かいぞくこうい》や私貿易を行っていました。彼らは日本、中国、朝鮮《ちょうせん》各政府の取り締《し》まりにより消滅《しょうめつ》しましたが、一方で、フィリピン・ルソン島との貿易によって莫大《ばくだい》な財を成した、大坂・堺の豪商《ごうしょう》、呂宋《るそん》（納屋）助左衛門《すけざえもん》のような人物もいました。

1616年（元和2年）に、明（中国）の船を除いて、外国船の入港が平戸港と長崎港に限定されるまで、日本は助左衛門のような民間人による、私的な貿易が可能な状態だったのです。つまり、大名ではなくても交易で大きな財を成すことができる時代でした。

戦国時代は、応仁の乱を経て将軍職の権力が弱体化し、「下剋上」が続発し、戦乱の時代を迎えることになりました。

江戸幕府は、戦乱の世への後戻りを防ぐために、「下剋上」を防ぐ必要がありました。それには権力の基礎となる財力を、中央政権に集中させなければいけません。そのような背景もあり、1633年（寛永《かんえい》10年）に、「奉書船《ほうしょせん》」以外の渡航を禁じる第1次鎖国令が発布されました。奉書船とは、将軍が発行する朱印状《しゅいんじょう》に加えて老中が発行する奉書の、2つの海外渡航許可証を携行《けいこう》した船舶《せんぱく》を意味します。この第1次鎖国令では、海外に5年以上住んでいる日本人の帰国も禁じられました。

幕府はその後、カトリック信徒による一揆《いつき》「島原の乱」を経て、外国船の入港を長崎に限定し、交易に布教を伴うカトリック国・ポルトガルの船船入港を禁じました。

1673年（延宝《えんぽう》元年）には、イギリス船リターン号が来航し、家康が発行した朱印状をもとに交易再開を求めましたが、幕府はこれを拒否《きよひ》し、イギリスとの国交を断絶。日本と交易を行う国は、オランダと中国のみとなりました。

このように、鎖国令により出入国の禁止や交易の抑制《よくせい》が強まった江戸時代は、現代社会の私たちに、外国との交流を完全にシャットアウトしたような印象を与《あた》えます。

しかし江戸時代は、完全に外国との交流を遮断したわけではなく、幕府の許可のもと、外国文化を取り込《こ》んでいました。たとえば江戸の人々は、「イソップ物語」（伊曽保物語）を読み、キリスト教の知識を持っていました。西洋諸国の学問・技術が「蘭学《らんがく》」という形で流入し、さまざまな分野の人々を魅了《みりよう》しました。キリスト教の知識や教養、それに付随する外国文化に、江戸の人々は触れる機会があったのです。

ではなぜ、鎖国令があったにもかかわらず、江戸時代の日本は「開国」的な状態を維《い》持《じ》していたのでしょうか。

それは、当時の日本が、実際には「4つの口」の外交ルートを持っていたためです。

1つめは長崎口。幕府が直轄で管理し、オランダと中国の貿易港としました。

2つめは対馬口《つしまくち》。ここでは対馬藩を通じて、朝鮮と国交・貿易が展開されました。当時、朝鮮半島の釜山《ぷさん》には倭館《わかん》（日本人居留地）があり、対馬藩の人々が数百人勤務していました。

3つめは薩摩口《さつまくち》（琉球口《りゅうきゅうくち》）。薩摩藩を通じて、琉球王国、さらにはその背後の中国・東南アジア諸国との交易が行われていました。

4つめは松前口《まつまえくち》（蝦夷口《えぞくち》）。蝦夷地の松前藩を通じて、アイヌと北方貿易《ほっぽうぼうえき》を行っていました。松前藩の財政は、ほぼその収益で賄《まかな》われていました。

しかしこうした「4つの口」体制は、18世紀末から明治にかけて変動します。

1792年（寛政《かんせい》4年）、ロシアから使節のラクスマンが、アリューシャン列島アムチトカ島に漂着した伊勢《いせ》亀山《かめやま》藩（三重県北部）出身の船頭・大黒屋《だいこくや》光太《こうだ》夫《ゆう》らを護送し、根室に来航、日露交易を求めました。1804年（文化元年）にも同じく、ロシアの使節レザノフが、同列島の小島ナアツカに漂着した仙台藩出身の船乗り、津太夫《つだゆう》らを伴い長崎に来航、再び日露間の交易を求めました。

１８０８年（文化5年）には、イギリス軍艦フェートン号がオランダ船を追跡《ついせき》して長崎湾に侵入《しんにゅう》し、オランダ商館員を捕縛、現地に薪水《しんすい》・食糧を求める事件が起きました。イギリス船の来航は以降も続き、幕府はついに、１８２５年（文政8年）、「異国船打払令」の公布に至ります。

この法令は、海岸に接近する異国船は攻撃すべきと諸藩に命じたものでした。日本側の勧告《かんこく》に従わず、もしも外国人が上陸しようとした場合には、彼らの殺害も許可されました。日本全国で、海防が強化されたのです。しかしながら、この異国船打払令が公布された後も、外国船の来航は止まりませんでした。

その背景には、歴史の転換点となった「産業革命」の影響《えいきょう》があります。

18世紀の終わり、イギリスで蒸気機関が発展し、工場での機械生産が可能となりました。それにより、製鉄や機械、造船などの工業が発達。こうした技術の進歩によって、社会の仕組みが大きく変化したことを、産業革命とよびます。

鎖国期の異国船の来航

※閏の月

薩摩

宝島
1824.7 イギリス

琉球

久米島
1848.3 不明
1849.1 イギリス
1849.2 イギリス
1849.3 イギリス
1849.4 イギリス
1851.3 イギリス
1852.11 イギリス2隻

八重山
1849.5 不明
1852.3 不明
1852.4 アメリカ

沖縄本島
1816.10 イギリス
1832.7 イギリス
1844.3 フランス
1845.5 イギリス
1846.5※フランス2隻
1846.5 フランス
1851.1 アメリカ
1852.2 不明

伊平屋島
1848.3 不明

那覇
1846.4 イギリス
1846.7 フランス
1846.8 イギリス3隻
1848.7 フランス
1849.1 アメリカ
1849.2 イギリス
1849.4※イギリス
1849.11 イギリス
1850.6 アメリカ
1850.8 イギリス
1851.7 ルーマニア
1851.12 イギリス

蝦夷地
1786 ロシア
1895.5 ロシア
1848.5 アメリカ

択捉島
1807.4 ロシア
836.7 ロシア

利尻島
1807.5 ロシア
1811.8 ロシア

国後島
1778.6 ロシア
1812.8 ロシア

根室
1792.9 ロシア

陸奥
1847.3 不明

松前
1850.4 イギリス

箱館
1793.6 ロシア
1851.3 不明

常陸

大津浜
1810.5 イギリス
1824.5 イギリス

国後島
利尻島
択捉島
蝦夷地
根室
佐井
箱館
大津浜
浦賀
下田
松輪崎
宝島
琉球
伊平屋島
沖縄本島
久米島
那覇
八重山

武蔵

江戸湾
1846.5 アメリカ

伊豆

下田
1852.6 ロシア

相模

浦賀
1816.9 イギリス
1817.9 イギリス
1818.5 イギリス
1822.4 イギリス
1837.6 アメリカ
1845.3 アメリカ
1846.5※アメリカ

相模湾
1846.6 デンマーク

松輪崎
1849.4※イギリス

肥前

長崎
1803.7 アメリカ
1803.8 イギリス
1803.9 イギリス
1804.9 ロシア
1807.4 アメリカ
1808.8 イギリス
1813.6 イギリス
1814.6 イギリス
1845.7 イギリス
1846.6 フランス3隻
1849.3 アメリカ

産業革命がはじまると、西欧諸国は、一気に近代化しました。工業生産力と軍事力を高めた西欧諸国は、新しい市場と原料を求めてアジアへ進出。産業革命の大波は、19世紀半ばに大西洋から太平洋まで領土を広げたアメリカにも影響し、彼らは清（中国）や日本との貿易を望むようになりました。日本への外国船来航もこの流れの中にあったのです。

しかし、欧米の国々のなかには、国益のために侵略《しんりゃく》行為を行う国もあり、後述の「アヘン戦争」など、さまざまな紛争も浮上しました。

日本も、そうした欧米の脅威《きょうい》を感じていたところ、1853年（嘉永《かえい》6年）にアメリカ東インド艦隊《かんたい》の司令長官、ペリーが黒船で来航。翌年に日米和親条約が締結《ていけつ》されます。

この「黒船来航」を契機として、日本のそれまでの「4つの口」体制は限界を迎え、「鎖国」は終焉の時を迎えます。幕末維新期を通じて、新たに箱館（函館）、横浜、新潟、神戸が開き、「8つの口」体制に移行するのです。

つまり、「鎖国」から「開国」、といっても、それは「ゼロから100」ではなく、「4港から8港」への変化でした。

明治維新期に日本が体験した変動とは、新国家の誕生ではなく、外交政策の方向転換であり、それを可能にさせた「政権交代」でした。

その「政権交代」の契機となったのが、前述のような「産業革命を発端《ほったん》とした外圧」と、「日本の国内状況の変化」です。

17〜18世紀にかけて、日本では、幕府や藩が安定した年貢《ねんぐ》を確保するために、沼地などの干拓事業を積極的に行いました。大勢の農民を動員したこの新田開発によって、全国の耕作地は、室町時代の約3倍に拡大。米の収穫量も大きく増加し、余力を持った農村は、各地の自然や気候に合わせた作物の生産を行い、都市に供給。幕府や諸藩も、米以外の作物の生産を推進したため、各地で特産物が生まれました。

しかし、生産力の増大は、同時に農村の地主と下層農民との格差拡大を引き起こし、農村では貧窮化《ひんきゅうか》が進んだのです。

幕府や藩はさまざまな改革で状況を打破しようとしましたが、一時的に成功しても、永続的な効果は得られず、権威《けんい》を弱体化させました。さらに幕末期、そのような情勢に追い打ちをかけるように、「開国」により国内物価の乱れが生じ、日本の国内状況は大きく変化。明治維新の国内的契機となったのです。

こうした環境のもとで、幕末から明治へと時代を推《お》し進めた、多くの人々がいました。

「維新三傑《いしんさんけつ》」といわれる、西郷隆盛《さいごうたかもり》、大久保《おおくぼ》利通《としみち》、木戸《きど》孝允《たかよし》（桂小五郎《かつらこごろう》）。

「四賢侯《しけんこう》」とよばれる、越前福井藩の松平慶永《まつだいらよしなが》、薩摩藩の島津斉彬《しまづなりあきら》（斉彬没後《ぼつご》は久光《ひさみつ》）、土佐《とさ》藩の山内豊信《やまうちとよしげ》（後の容堂《ようどう》）、伊予宇和島藩の伊達《だて》宗城《むねなり》。

さらには将軍・徳川家定《とくがわいえさだ》、家茂《いえもち》、慶喜《よしのぶ》。

そのほか、土佐脱藩の坂本龍馬《さかもとりょうま》など、幕末を生きた多くの人々が、思想を違えて時に争い、時に協力し、それぞれの立場で歴史を彩り、明治維新が展開されました。

では、彼らの原動力となった力とは、何だったのでしょうか。

彼らが生きた時代に、世界では何が行われていたのか、１８５３年の黒船来航から、１８７７年の西南戦争終結までを追いかけてみましょう。

第一章

鎖国の限界

迫《せま》られた「開国」―黒船来航―

1853年（嘉永《かえい》6年）6月3日。江戸湾《えどわん》（東京湾）の入り口にあたる、相模（現在の神奈川県）の浦賀《うらが》（神奈川県横須賀市）沖《おき》に、ペリー率いるアメリカ東インド艦隊《かんたい》が侵入《しんにゅう》しました。とつぜん現れたその巨大《きょだい》な4隻《せき》は、防腐剤として、黒々としたコールタールが塗《ぬ》られた「黒船」で、空砲《くうほう》を発射するなど軍事力を誇示《こじ》。周囲には一触即発《いっしょくそくはつ》の緊《きん》迫感《ぱくかん》が漂《ただよ》い、周辺の人々は恐怖《きょうふ》しました。

しかし恐《おそ》れる一方で、人々は艦隊に強い関心を寄せました。4隻のうち2隻の軍艦《ぐんかん》は、多くの人がはじめて目にする蒸気船。その異様な形の大型船を一目見ようと、浦賀周辺にはたくさんの見物人が押《お》し寄せました。黒船来航の興奮と危機感は、官民に向けた触《ふれ》書《がき》や達書《たつしがき》、御用《ごよう》絵師が描《えが》いた「黒船絵巻」や瓦版《かわらばん》などで、瞬《また》く間に全国へ伝播《でんぱ》し、人々はこの黒船来航に、時代の変わり目を予感しました。

艦隊の司令官であるペリーは、第13代アメリカ大統領フィルモアからの国書を携《たずさ》えていました。国書とは、国の元首が発する外交文書のこと。フィルモアの国書は日本の開国を求めるものでした。

　アメリカが日本に開国を求めた背景には、産業革命の影響《えいきょう》がありました。ヨーロッパで始まった技術革新が伝わり、アメリカも工業化を促進《そくしん》。機械油として鯨油《げいゆ》の需要《じゅよう》が高まりました。そのためアメリカは、太平洋で盛んに捕鯨《ほげい》を行っており、捕鯨船の燃料や水、食糧《しょくりょう》などを補給する寄港地の確保に迫《せま》られていました。彼らは、ヨーロッパ諸国のアジア進出に対抗《たいこう》し、太平洋航路の開設を進めていたのです。日本に寄港地があれば、進出は加速します。そのため、

ペリー艦隊は、浦賀沖来航の2ヶ月前、琉球《りゅうきゅう》（現在の沖縄県）に立ち寄っていました（琉球側の抵抗《ていこう》を押し切って上陸し開港を求めたが拒否《きょひ》され、翌年1854年6月に琉米修好条約を締結《ていけつ》した）。

幕府がアメリカの要求を受け入れれば、日本が外国と接するルートとして定めた4つの地域、前述の薩摩《さつま》・長崎《ながさき》・対馬《つしま》・松前《まつまえ》以外の港も、海外に向けて開港しなければいけません。長らく続けたその鎖《さ》国《こく》システムに変更《へんこう》を加え「開国」するには、従来の外交方針を大きく転換《てんかん》する必要がありました。またそれ以上に、開国による経済的な打撃《だげき》が懸念《けねん》されました。

鎖国時代の４つの地域と対外関係

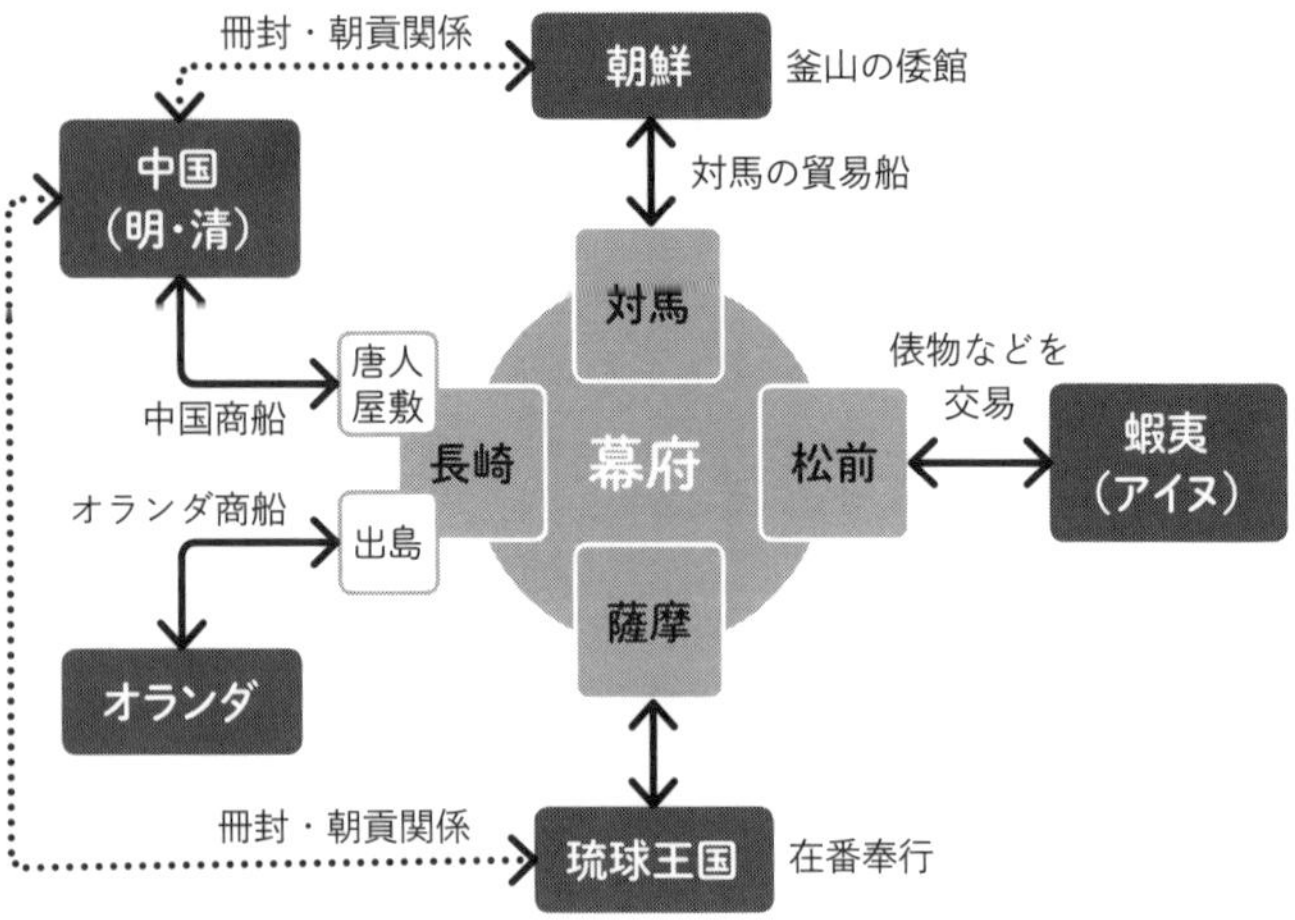

外国との交易で外国の製品が大量に輸入され、国内の物価が変動すれば、社会は混乱に陥《おちい》ります。

浦賀沖出現から6日後、ペリーは幕府に指定された久里浜《くりはま》（神奈川県横須賀市）に上陸。彼は同地に設けられた応接所で、漢文に訳された国書を、浦賀奉行《ぶぎょう》の旗本・戸田氏《とだうじ》栄《よし》に渡《わた》しました。

諸外国との交渉《こうしょう》は、本来ならば長崎で行われるのが慣例でした。そのため幕府は、前段階で艦隊に対し長崎回航を求めました。しかしペリーは「こちらの要求を拒否するならば、武力をもってアメリカ大統領の国書を渡《わた》すために上陸する」と回航を拒否。そのうえ幕府側の回答を待つ間、江戸湾を測量し、艦隊の大砲《たいほう》を江戸城（東京都千代田区）に向けました。こうした高圧的で武力にものをいわせるやり方は、恫喝《どうかつ》外交、砲艦《ほうかん》外交とよばれます。ペリーがそうした姿勢を取ったのは、この約7年前に来航した同国艦隊の例をみて、日本への対応を研究していたからでした。

アメリカ船の来航は、ペリーの黒船がはじめてではありません。１８３７年（天保8年）にモリソン号、１８４５年（弘化《こうか》2年）にはマンハッタン号、そしてビッドルが司令官を務める東インド艦隊が、日本に「開国」を求めて来航しています。

しかし、それらどの船も、日本との国交を結べずに引き返しました。

商船モリソン号は、江戸湾にはじめて来航したアメリカ船でした。来航目的は、日本との通商開始と、漂流《ひょうりゅう》から救助した日本人船乗りの送還《そうかん》。しかし当時は前述の「異国船打払令《いこくせんうちはらいれい》」が公布されており、また幕府側は、漂流民の送還《そうかん》が彼らの目的の1つであったことを知らなかったため、浦賀の平根山台場から砲撃《ほうげき》し、彼らを退去させました。

8年後に来た捕鯨船マンハッタン号も、漂流民を乗せていました。伊豆《いず》諸島付近で遭難《そうなん》した日本人22名です。

このときマンハッタン号は、モリソン号のように砲撃を

そのころ、世界では？

1840〜42年イギリスと清によるアヘン戦争

イギリスは茶を輸入する代価として、清（中国）にアヘンを密輸しました。清ではアヘンの害が拡大し、大量の銀が流出したため、アヘンの密輸を禁じました。これを不服としたイギリスが遠征軍《えんせいぐん》を派遣《はけん》し、アヘン戦争が勃発《ぼっぱつ》。清は戦いに敗れました。

受けず、浦賀港に入港しています。1842年（天保13年）に、前述の「異国船打払令」が廃止《はいし》されていたからです。1840年（天保11年）にオランダ船から伝えられた、アヘン戦争勃発《ぼっぱつ》の報せを端《たん》として、幕府は同令を撤回《てっかい》していました。

アヘン戦争（1840〜42年）とは、イギリスが清《しん》（現在の中国）に対して起こした侵略《しんりゃく》戦争です。イギリスは清との交易で支払《しはら》う銀が不足すると、工業製品を支配地のインドに売り、インド生産のアヘンを清に密輸。清からは代金の銀をインド経由で本国へ送らせていました（三角貿易）。清は銀の不足と中毒患者《かんじゃ》の増加に苦しみ、アヘンの売買を禁止。これを不服としたイギリスが、清を攻撃《こうげき》したのです。日本も標的にされかねない状況でした。

そのため幕府はイギリスとの無用な摩擦《まさつ》を避《さ》けようと、「異国船打払令」を廃止して、代わりに外国船へ食料・薪水《しんすい》を与《あた》えて穏《おだ》やかに退去させる「薪水給与令《しんすいきゅうよれい》」を公布。この法令に則り、幕府はマンハッタン号に鎖国の国法があることを告げ、必要な物資を与えて退去させました。

マンハッタン号来航の翌年、1846年（弘化3年）に東インド艦隊の司令官ビッドルが、日本の開国の可能性を探るため、2隻の軍艦で三崎沖《みさきおき》（神奈川県三浦市）に現れました。ビッドルの艦隊は、軍艦としてははじめて江戸湾に来航した船舶《せんぱく》です。戦闘《せんとう》能力は極めて高く、当時の浦賀奉行・大久保《おおくぼ》忠豊《ただとよ》はすぐさま平根山台場に出陣《しゅつじん》。江戸湾の守備を担う川越《かわごえ》藩（埼玉県川越市）と忍《おし》藩（埼玉県行田市）は、軍勢を三浦半島に派遣《はけん》しました。このとき幕府とビッドルの交渉《こうしょう》が浦賀で行われたことから、ペリーはそれに倣《なら》ったのです。ただしビッドルは幕府から、外国とは交易も国交もしないと通告されると、日本の開国の意思を探るという当

ペリー来航ルート

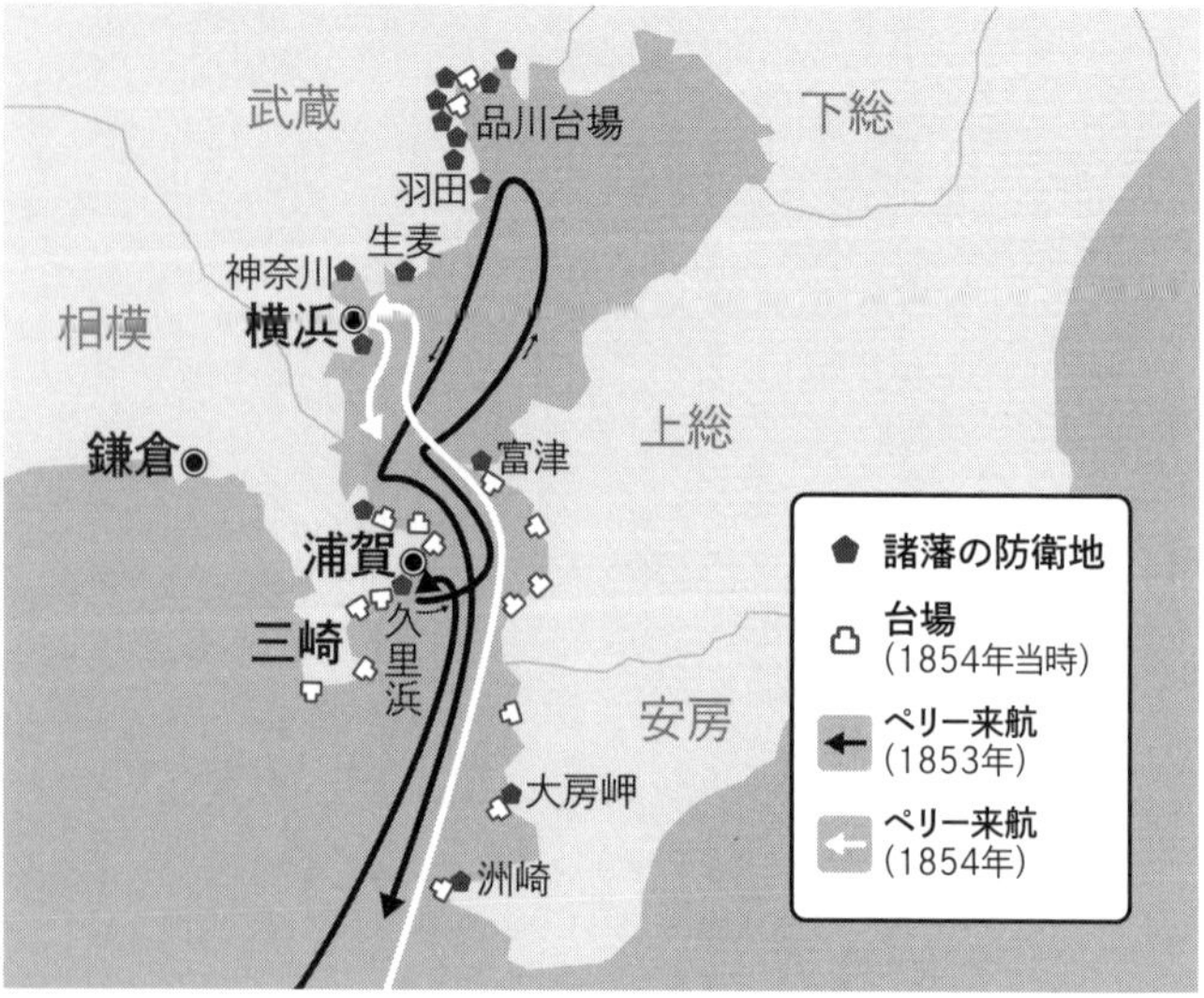

初の目的を果たしたため、数日で退去しました。

その後アメリカでは、捕鯨船の出漁増加にともない、乗組員の日本漂着《ひょうちゃく》と彼らの現地での保護体制が、重要な外交課題として議論されるようになりました。こうしてペリー艦隊の派遣を前にして、アメリカで日本の開国を求める声が高まっていったのです。

モリソン号から続く江戸湾へのアメリカ船来航を経験した幕府にとって、ペリーによる1853年の黒船来航は、予測できない事態ではありませんでした。それどころか幕府は、ペリーの艦隊がやって来る1年前には、来航の情報を摑《つか》んでいました。長崎のオランダ商館長ドンケル・クルティウスが、西洋諸国の動向を記した「別段風説書《べつだんふうせつがき》」を幕府に提出し、アメリカの艦隊が来ることを予告していたのです。

老中は幕政を統括《とうかつ》する常置の最高職ですが、なかでもリーダーを務める老中首座の阿《あ》部《べ》正弘《まさひろ》は、その「別段風説書」をすでに読んでおり、西洋列強が植民地獲得《かくとく》のための侵略戦争を次々としかけていることも、日本と無関係ではないことも認識していました。

彼は、アメリカがビッドル艦隊来航の際に開国を拒絶《きょぜつ》されたにもかかわらず、再度使節を派遣することに強い警戒心《けいかいしん》を持ちました。国防の強化を急務と考え、海岸防御《ぼうぎょ》を進めたのです。一方で、今までの外交方針を急に変えることも難しく、なおかつペリー艦隊が予想より早く来航したため、幕府は有効な策を講じることができませんでした。

とはいえ今回はビッドルの時のように、鎖国政策を盾《たて》に拒絶するわけにはいきません。相手は戦争も辞さないと表明した、大国の軍艦《ぐんかん》です。

そのうえ日本に開国や、自由貿易を迫《せま》るのは、アメリカばかりではありませんでした。オランダも「別段風説書」を渡《わた》す際に通商条約の締結《ていけつ》を求めており、ペリーが浦賀に来航した翌月には、ロシアの海軍将官プチャーチンが通商と国境確定を求め、軍艦4隻で長崎に来航しています。「鎖国」を維持《いじ》するには、限界の時が来ていました。

開国派と鎖国派の対立 ―安政の改革―

武力衝突《しょうとつ》をさけるため、幕府はアメリカの国書を受理しました。しかし開国に関しては即断《そくだん》できず、ペリーには翌年の返答を約束。判断を先延ばしにしました。

艦隊が引き揚《あ》げると阿部正弘は、受理した国書を公開し、すべての大名と上級の旗本

（幕府直属で将軍との対面が許される家臣）に今後の対策について意見を求めました。

阿部はこの難局を、関ヶ原合戦以前から徳川家に仕え、今も幕府の中枢《ちゅうすう》に位置する「譜代《ふだい》大名」と、合戦後に従属した「外様《とざま》大名」が団結しなければ、乗り越《こ》えることはできないと判断したのです。

「開国は諸藩との合議で決定した、という既成《きせい》事実をつくり、批判をかわそうとした」ともとれますが、国策を決めるにあたって幕府が外様に意見を募《つの》り、人材を求めようとするのは、開府以来はじめてのことでした。追い詰《つ》められた末の苦

江戸時代の大名の種類と内訳

（大名の種類）

親藩 将軍家の親戚。

譜代大名 関ヶ原の戦い以前から徳川家の家臣だった大名。

外様大名 関ヶ原の戦い前後に徳川家の家臣になった大名。

（大名の種類別内訳）

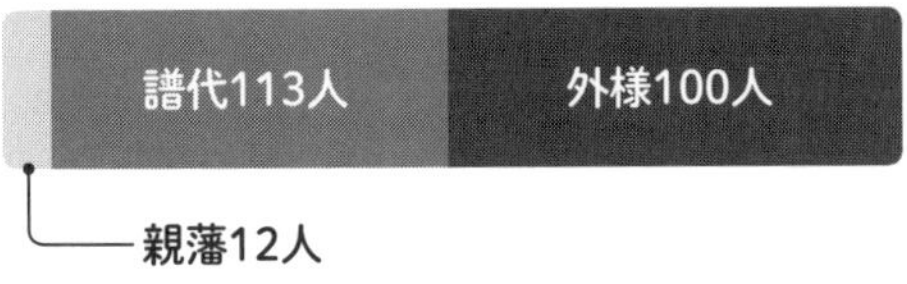

江戸時代初期は220人ほどだった大名は、幕末には260人を超えた。

しまぎれ、といった面も否めませんが、画期的な試みではありました。

そのような身分出自を超《こ》えた人材登用は、同時期の海防強化や洋学所（後の蕃書調所《ばんしょしらべしょ》。翻訳《ほんやく》など洋学研究教育の機関）設立も含《ふく》めて、「安政の改革」（1854〜60年）と呼ばれています。

国書の内容は旗本や大名のみならず、一般《いっぱん》の人々にまで広く伝えられました。結果、下級武士や町人のなかにも、国防に関する建白書《けんぱくしょ》（政府への意見書）を幕府に提出する者が続出。以降、多くの人々が政治的な発言をするようになりました。幕府の想定を超えて、時代を維新《いしん》に推《お》し進める巨《きょ》大《だい》なエネルギーが、この機に生み出されることになったのです。

安政の改革について

目的 公武協調路線のもと、国防の強化や諸外国に対する対応

内容	新体制	・前水戸藩主の徳川斉昭が幕政に参加 ・朝廷への報告、諸大名、幕臣への意見聴取を行う ・越前藩主松平慶永、薩摩藩主島津斉彬、宇和島藩主伊達宗城らの政治参与
	幕府の人材登用	・目付、外国奉行などに岩瀬忠震、永井尚志 ・長崎海軍伝習所伝修生に勝海舟 ・韮山代官に江川太郎左衛門

建白書を提出した人物のなかには、役職をもたない1人の貧しい御家人《ごけにん》（幕府直属で将軍との対面が許されない家臣）がいました。勝麟太郎《かつりんたろう》……日本海軍の生みの親となった幕末維新《いしん》の重要人物、後の勝海舟《かいしゅう》です。当時の勝は赤坂田町（東京都港区）に、オランダ語で西洋の学術・文化を研究する「蘭学《らんがく》」の私塾《しじゅく》を開いていましたが、塾生《じゅくせい》は少なく、オランダ語の翻訳《ほんやく》をして生計を立てていました。

勝は自身の建白書で、貿易の開始や西洋式の兵制導入など、富国強兵のための斬新《ざんしん》な計画を提案しました。もちろん、この建白書がすぐさま幕政のあり方を変えたわけではありません。しかし当時の幕府でも、開明的といわれた海防掛《かいぼうがかり》の人々は、規制の枠《わく》にとらわれない勝の意見に関心を持ちました。

海防掛は1792年（寛政《かんせい》4年）、ロシアの軍人ラクスマンが通商を求めて長崎に来航した際、対応を検討するために設けられた役職です。外国船の来航が続くなか、国防政策に長けた海防掛は、幕府のなかでも存在感を増していきました。特にペリーが来航した前後の時期は、進歩的な幕臣が続々と抜擢《ばってき》され、彼らの発言が注目されるようになりました。

伊豆《いず》韮山《にらやま》（静岡県伊豆の国市）の代官、江川英龍《えがわひでたつ》もその1人。ペリー艦隊が去ったあと、彼は江戸湾警備のために幕府が命じた「品川台場《しながわだいば》」築造の責任者を務めました。台場とは、大砲《たいほう》を設置する砲台《ほうだい》です。江戸湾内にはいくつもの台場が出来ましたが、江川が築造した品川台場は、江戸湾内の台場のなかでも最大規模のものでした。また、西洋砲術《ほうじゅつ》をよく知る江川は、「安政の改革」の1つとされる大砲鋳造《ちゅうぞう》のために、韮山で金属を融解《ゆうかい》するための反射炉《はんしゃろ》の築造にも取りかかりました。

建白書を提出した勝海舟は阿部正弘の目にとまり、幕府要人として出世の階段を上り始めました。1855年（安政2年）に海防掛・大久保忠寛《おおくぼただひろ》の推薦《すいせん》を得て、勝は蕃書調所出役（蘭書《らんしょ》の翻訳などを行う仕事）の役職につき、大坂湾における防衛体制の調査役にも任命されています。

しかしながら、勝のような下級武士が国防を考え活躍《かつやく》する一方で、上層の大名間では開国をめぐる熾烈《しれつ》な権力争いが生じていました。これもまた安政の改革の影響《えいきょう》で、諸藩の政治意識が高まり、発言力が強まった結果です。開国派と鎖国派に分かれた大名たちは、対立を深めていきました。

前述の通り、幕府の政治は幕府成立以来、譜代大名によって運営されていました。親《しん》藩《ぱん》や外様大名は、自らの領地を治める一存在、朝廷も政治への介入《かいにゅう》は認められていませんでした。それがペリーの来航と安政の改革を境に、旧来の幕政運営に疑問を抱《いだ》く者が増えていったのです。

このとき、鎖国派の先頭に立った人物が水戸《みと》藩（茨城県水戸市）の徳川斉昭《とくがわなりあき》です。水戸藩は家康の11男である頼房《よりふさ》を初代とする徳川の一族で、尾張《おわり》（現在の愛知県西部）・紀伊《きい》（現在の和歌山県、三重県南部）とともに親藩の最高位を占《し》める御三家《ごさんけ》の1つ。しかし、水戸藩は幕府から警戒《けいかい》さ

れていました。第2代水戸藩主・徳川光圀《みつくに》の確立した水戸学が、「日本の真の支配者は天皇である」として、将軍を「天皇の臣下」と位置付ける政治思想、水戸学を維持《いじ》していたからです。そのような天皇を政治の中心と考える「尊王論」は、外国人を打ち払《はら》って国内への侵入《しんにゅう》を許さないとする「攘夷論《じょうい》」と結びつき、水戸藩内には熱烈《ねつれつ》な尊王《そんのう》攘夷派が形成されました。第9代水戸藩主・徳川斉昭もその1人です。

斉昭は「烈公《れっこう》」という異名をとるほどの激しい性格の人物でした。その主張は藩主就任にあたり家老たちが危険視するほど。けれども一方で、多くの藩士《はんし》は「何かをやってくれる」と斉昭に期待しました。その通り、彼は強硬《きょうこう》な攘夷論者として、黒船来航時には海防参与《さんよ》に就任。攘夷実行のため洋式軍艦を建造し、幕

そのころ、世界では？

1842年イギリスと清が南京条約を締結《ていけつ》

アヘン戦争の結果、イギリスと清（中国）は南京で条約を結びました。この南京条約では、香港の割譲《かつじょう》、上海など５港の開港、賠償金《ばいしょうきん》の支払《しはら》いなどが定められました。中国にとっては、不平等な条約で、中国半植民地化の起点になりました。

府に献上《けんじょう》しています。

対して開国派の先頭に立った人物は、譜代大名である彦根《ひこね》藩主の井伊直弼《いいなおすけ》です。直弼は先々代藩主の側室の子で、本来ならば家督《かとく》を相続する立場ではありませんでした。彼は学問や芸術の素養が高く、居合術に秀《ひい》でた文武両道の才人でしたが、出自のせいで才能を活かせず、毎日を悶々《もんもん》と過ごしていたのです。ところが藩主の座についた兄が急死したことで、直弼は一転、彦根《ひこね》藩（滋賀県彦根市）の第13代藩主に就任しました。彼は鎖国の不可能を早い段階で悟《さと》ると、「開国」を幕府の安定に利用する道を模索《もさく》しました。

直弼にとって「幕府の安定」とは、従来の幕政運営の続行を意味します。井伊家は徳川幕府の樹立に貢献した、家康の腹心・井伊直政以来の名門。諸大名のなかでも、大老（老中の上に位置する非常置の役職）をもっとも多く輩出《はいしゅつ》しています。水戸藩が主張する「鎖国」路線をとれば、将軍を、そして井伊家のような幕閣の中核を成す譜代《ふだい》大名を差し置いて、朝廷やそれを支持する親藩、外様大名たちに政治の主導権が移りかねません。直弼は名門藩主の権限を守ろうと、自ら選択した「開国」に固執《こしつ》しました。

ただでさえ親藩や外様の有力藩は、安政の改革前から権勢を増し、雄藩《ゆうはん》と化しています。その1つ水戸藩・徳川斉昭も、水戸学の権威である藤田東湖《ふじたとうこ》を重用し、人事を大刷新。農村復興事業の成果を得て、大胆《だいたん》な藩政《はんせい》改革を成功させました。島津斉彬《しまづなりあきら》が藩主を務める薩摩（現在の鹿児島県）では、先代藩主・斉興《なりおき》の代に、家老の調所広郷《ずしょひろさと》が大胆《だいたん》な財政改革を断行。斉彬自身は軍備増強と産業開発を進め、強大な力をつけました。長州（現在の山口県）の藩主・毛利敬親《もうりたかちか》も、藩士の村田清風を登用して藩政の改革を行い、財政再建に成功しています。

一方で幕府が黒船来航までに行った改革に、大成功とよべるものはありません。17世紀後半から幕府の財政は悪化していました。そのため、第8代将軍の徳川吉宗《よしむね》は「享保《きょうほう》の改革」（1716〜45年）を断行。質素・倹約《けんやく》をすすめ、大名に対して参勤交代で江戸（現在の東京都）にいる期間を短縮する代わりに、1万石につき100石の米を上納させました。また、新田開発や年貢《ねんぐ》率の引き上げを行い、財政の立て直しを図りました。しかし永続的な効果は得られず、吉宗が将軍の座を退くと、幕府の財政は再び悪化。

その後、吉宗の孫で老中に就任した松平定信が、「寛政《かんせい》の改革」（1787〜93年）を行い、祖父を手本に質素・倹約をすすめ、江戸に出稼《でかせ》ぎに来ていた百姓《ひやくしよう》を村に帰して米の収穫量《しゆうかくりよう》を増やすなど、またも財政の立て直しを図りました。けれどもその統制は厳しく、民衆の不満は高まる一方でした。

定信辞職後も財政が好転することはなく、「天保の改革」（1841～43年）を行った老中・水野忠邦《みずのただくに》も、庶民《しよみん》の娯楽《ごらく》を取り締《し》まるなど厳しい倹約令を出しましたが、さまざまな規制強化を急激に実行したため、経済活動は停滞《ていたい》。水野は職を下ろされ、幕府はかつてのような権威を失いました。

そのような状況のなか、なんとしても徳川の威光《いこう》を回復したい井伊直弼は、黒船来航に際して、幕閣に交易や海軍調練などの建白書を提出します。その後、彦根藩は江戸湾警備を命ぜられ、直弼自身も京都警衛の職を得ました。幕府は、京都に潜入《せんにゆう》した外国人が朝廷との直接交渉することを警戒《けいかい》し、彼に期待したのです。

column 1

江戸時代の最先端知識《さいせんたん》「蘭学《らんがく》」

日本に伝わり、広まった西洋近代医学

江戸時代の学者らは、時代の最先端知識を、蘭学から学びました。当時オランダは、和蘭《おらんだ》・阿蘭陀《おらんだ》などと記され、オランダ人やオランダ語を通じて日本に導入された西洋の学問・技術全般《ぜんぱん》を「蘭学」とよび、その研究に励《はげ》んだのです。

蘭学は特に医学の分野で発展し、西洋医学を学ぶ多くの「蘭方医《らんぽうい》」たちが、手術や骨折の治療《ちりょう》など、外科的な医療《いりょう》を中心に研究し、日本医学の近代化に貢献《こうけん》しました。

1774年（安永3年）、杉田玄白《すぎたげんぱく》ら7名が、ドイツ人クルムスによる解剖図譜《かいぼうずふ》の蘭訳本『ターヘル・アナトミア』を翻訳《ほんやく》。『解体新書』の名で発表し、漢方医学が主流だった当時の社会で、西洋医学への関心を高めました。

1823年（文政6年）には、オランダ商

蘭学を学んだ人とその功績

青木昆陽 幕府の御家人	将軍・徳川吉宗の命で蘭語を学習。野呂元丈とともに、蘭学の祖といわれる。
野呂元丈 本草学者	青木昆陽とともに、吉宗の命で蘭語を学び、蘭学の祖といわれている。
杉田玄白 蘭方医	漢方医学に疑問を持ち、蘭方医に転身。『解体新書』を発行し、蘭方医学を広めた。
平賀源内 蘭学者、画家など	多分野の蘭書を収集し、自宅には杉田玄白など蘭学に関心のある人たちが集まった。
緒方洪庵 蘭方医人	西洋の医学知識や技術を広めるため、多くの医学書を発行し、日本の医療レベルを上げた。
福沢諭吉 教育者	蘭学を学ぶために緒方洪庵の「適塾」に入る。適塾では塾頭になり、後に慶應義塾を設立する。
高野長英 医者、蘭学者	蘭書で得た知識で、飢饉で苦しむ人たちのため代用品の作物の栽培方法などをまとめた「救荒二物考」を著す。

館医として、長崎・出島にドイツ人医師シーボルトが来航。彼は長崎郊外に診療《しんりょう》所を兼《か》ねた私塾《しじゅく》「鳴滝塾《なるたきじゅく》」を開き、本格的な西洋の知見を教授し多くの蘭方医を育てました。

19世紀、世界中でコレラが流行した際には、「近代医学の祖」とよばれる蘭方医・緒方洪《おがたこう》庵《あん》が、その研究結果を著書『虎狼痢治準《ころりちじゅん》』で発表。「感染の初期段階での対応が重要」など、現在にも通じる予防法を普及《ふきゅう》しました。

1838年（天保9年）、洪庵は大坂に適々《てきてき》斎塾《さいじゅく》、通称《つうしょう》「適塾《てきじゅく》」を開校。門下に福沢諭《ふくざわゆ》吉《きち》や大村益次郎《おおむらますじろう》など、幕末維《い》新期《しんき》に活躍《かつやく》する逸材《いつざい》が集い、最先端の蘭和辞典『ヅーフ・ハルマ』を手に切磋琢磨《せっさたくま》しました。

「開国」の返答　―日米和親条約の締結《ていけつ》―

1854年（嘉永《かえい》7年）1月、ペリーの艦隊が再び来航しました。

今度は神奈川沖に7隻の大艦隊。砲艦《ほうかん》外交はさらに圧力を増しています。幕府としては前年同様、浦賀で応接したいところでしたが、ペリー側はこれを拒否《きょひ》。最終的には江戸に近い神奈川宿（神奈川県横浜市）の近傍《きんぼう》、横浜《よこはま》村での会談が決定しました。アメリカにとっては横浜沖《おき》に艦隊をそろえて停泊《ていはく》できるうえ、上陸地が大砲の射程距離《きょり》に入るため、好都合だったのです。

ペリーは約500名の将兵を連れて横浜に上陸しました。アメリカとの交渉《こうしょう》に関する一切の権限、全権を幕府から任されたのは、旗本の林復斎《はやしふくさい》ら5人。当初、林らは、「たかが知れたる夷狄《いてき》の輩《やから》」とアメリカを甘《あま》くみていました。江戸城（東京都千代田区）の幕閣も、アメリカの要求に対する具体的な回答は、さらに引き延ばす方針だったのです。

しかしペリーの態度は想定以上に強硬《きょうこう》で、要求を拒否《きょひ》すれば艦隊が江戸湾の奥《おく》へ侵《しん》入《にゅう》し、江戸の町を戦渦《せんか》に巻き込むのでは、という危機感が高まりました。そのため林らもアメリカの要求を飲むべきと考えを変更《へんこう》。江戸城の阿部正弘も協議の末、鎖国続行の方針を撤回《てっかい》して、具体的な返答に踏《ふ》み切ることにしました。ただしこの時、通商の開始については徳川斉昭の強い反対を受け、回答を見送っています。

　そうして1ヶ月以上にも及《およ》ぶ協議を終え、1854年（嘉永7年）3月3日、ついに「日米和親条約」が締結《ていけつ》されました。神奈川条約ともよばれるこの条約は、日本が結んだ最初の近代的条約でしたが、最恵国待遇《さいけいこくたいぐう》や治外法権などの面で将来に禍根《かこん》を残しました。

　最恵国待遇とは、他国に対する待遇《たいぐう》より常に不利でないようにしろ、という取り決めのこと。これによりアメリカは日本での最恵国待遇が約束されましたが、この取り決めは片務的、つまり日本一方のみが義務を

そのころ、世界では？

1844年デュマが『モンテ・クリスト伯《はく》』を発表

フランスの小説家デュマによる『モンテ・クリスト伯』が刊行されました。主人公エドモン・ダンテスが無実の罪で投獄《とうごく》され、自分をおとしいれた敵に次々と復讐《ふくしゅう》するこの物語は、大変な人気を博しました。日本では『巌窟王《がんくつおう》』の名で知られています。

負うもので、不平等な条約となりました。

　そのほか、同条約では下田（静岡県）・箱館（北海道）の2港の開港、薪炭《しんたん》や水、食料など必需品《ひつじゅひん》の供給、難破船・漂流民の救護などが決定。通商に関しては回避《かいひ》され、アメリカ側の物資の買い入れは日本側の役人が行い、日本商人からの直接買付は禁止されました。

　こうして日本はアメリカとの国交を開始。長らく続いた鎖国政策は終焉《しゅうえん》を迎《むか》えました。

　なお、幕府は鎖国という「祖法」を破られましたが、貿易を伴《ともな》わない「和親」で譲歩《じょうほ》を最小限にし、交戦の回避《かいひ》に成功した点は、一定の成果を得たといえるでしょう。

1854年日米和親条約締結内容

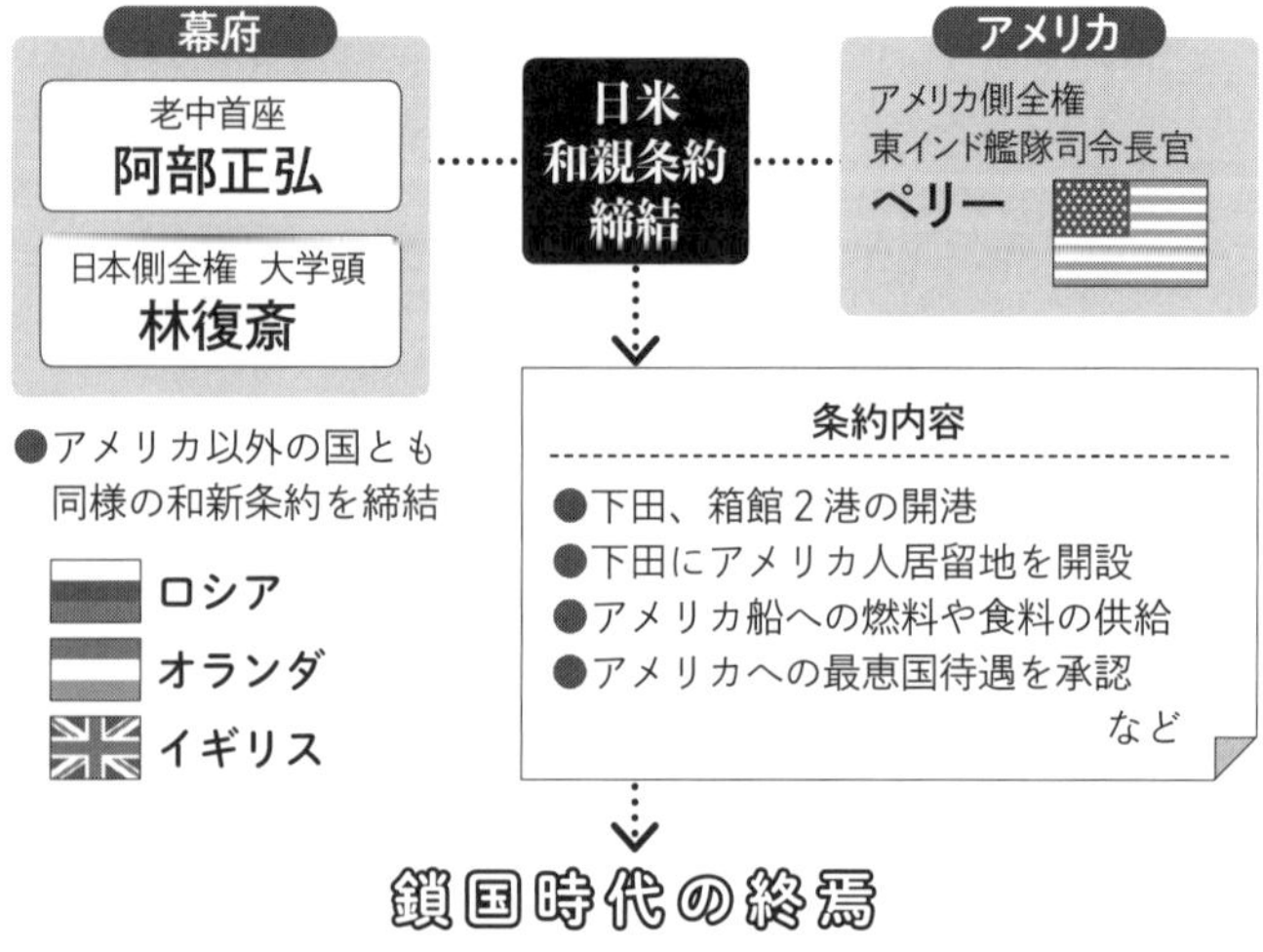
幕府
老中首座
阿部正弘
日本側全権　大学頭
林復斎
日米
和親条約
締結
アメリカ
アメリカ側全権
東インド艦隊司令長官
ペリー
●アメリカ以外の国とも
同様の和新条約を締結
ロシア
オランダ
イギリス
条約内容
●下田、箱館2港の開港
●下田にアメリカ人居留地を開設
●アメリカ船への燃料や食料の供給
●アメリカへの最恵国待遇を承認
など
鎖国時代の終焉

井伊直弼、大老就任 —日米修好通商条約の調印—

日米和親条約締結後、日本は、イギリス・ロシアとも同じような内容の条約を結びました。

同年の日英和親条約では、アメリカと同様、イギリスにも長崎・箱館の開港を許可。続くロシアとの日露《にちろ》和親条約《わしんじょうやく》では下田、長崎、箱館の3港を開港し、千《ち》島列島《しまれっとう》における両国の国境を、択捉島《えとろふとう》と得撫島《うるつぷとう》の間に定めました。また幕府は、オランダにもアメリカ・イギリス同様、下田・箱館の寄港を認めました。しかし同国との通商は、従来通り長崎で行うことになりました。

相次ぐ諸国との交易開始に、人々は外国船、特にペリーのような艦隊の来航に強い危機感を抱《いだ》き、国防力の強化が問題になりました。そこで幕府は、西洋流の砲術の採用や、硝石《しょうせき》の増産を推進。浦賀では、奉行所《ぶぎょうしょ》が日本初の洋式帆船《はんせん》、軍艦鳳凰丸《ほうおうまる》の建造に着手しました。

また長崎では、1855年（安政2年）に長崎海軍伝習所が設置され、初代総取締《とりしまり》に海防掛の永井尚志《ながいなおゆき》が就任。オランダから幕府に贈《おく》られた蒸気船スンビン号（後に観光丸と改名）が伝習に使用され、浦賀奉行所の与力《よりき》や幕臣たちが、オランダ人教師から蒸気船の操船や武器の操作法を教わりました。

海軍伝習所はその約4年後に閉鎖《へいさ》されましたが、伝習は同時期に開設された江戸築地（東京都中央区）の軍艦操練所《ぐんかんそうれんじょ》で続行。幕府の軍事体制はペリーの来航から数年で、海軍を中心に、瞬《また》く間に整備されていったのです。

外圧により、開国路線に踏《ふ》み切った江戸幕府。こうした一連の開国交渉は、とうぜんながら国内での反発を招きました。諸外国に対して弱腰な幕府に、反感が強まったのです。そうして1856年（安政3年）にアメリカの外交官ハリスが通商の開始を求めて来航す

そのころ、世界では？

1845年アメリカがメキシコ領テキサスを併合《へいごう》

アメリカ人のうち、奴隷《どれい》とともにメキシコ領テキサスに移住し、メキシコからの独立を宣言した人々は、アメリカへテキサスの併合を求めました。当初は北部が反対しましたが、南部奴隷主の支持を受けたポークが大統領となり、併合が実現しました。

ると、尊王攘夷《そんのうじょうい》運動はいよいよ過熱しました。

初代駐日《ちゅうにち》アメリカ総領事として、下田港（静岡県伊豆半島）に来航したハリスは、フィルモアの次にアメリカ大統領の座についたピアースより、交渉の全権を任されていました。

ハリスは日本がアメリカとの通商を開始すべき理由を語りました。産業革命で世界情勢が変化して諸国の貿易が活性化したこと、日本がその貿易市場に加われば多くの関税収入を得られること、その関税収入で西洋列強なみの海軍をもてること。彼はまた、イギリスやフランスの脅威《きょうい》を語り、両国が日本を侵略しようとしていることも指摘《してき》しました。

確かに当時のイギリスは、清での外国人排斥《はいせき》運動をめぐり、同国との関係が悪化していました。英中でもしも全面戦争がはじまれば、イギリスが日本に軍艦を派遣することも考えられる状況です。そこでハリスは、アメリカには日本を侵略しようとする野心がないと説き、自由貿易のためのさらなる開港を求めました。けれども条約の早期締結を望むハリスに対し、幕府は今回も交渉を先延ばしにしようとしました。

ハリスの見解は、貿易開始が富国強兵とつながると考える、開明的な大名や旗本に受け入れられましたが、反対派を説得するにはなお時を要したのです。

今回、ハリスとの交渉を取り仕切った人物は、阿部正弘ではありません。ペリー来航時に老中首座にいた阿部は、ハリス来航の1年前に首座を辞し、ハリス来航の翌年に39歳《さい》の若さで病没《びょうぼつ》しました。

「安政の改革」を行った阿部正弘は、アメリカという大国の外圧を受けながら、鎖国派と開国派の協調を図り、さまざまな意見をとりいれようと腐心《ふしん》しました。

しかし在任中、2度にわたってマグニチュード8・4の巨大地震《きょだいじしん》が発生。遠州灘《えんしゅうなだ》を震源《しんげん》とする「安政東海地震」と、土佐沖《とさおき》を震源とする「安政南海地震」は、被災地《ひさいち》へ凄《すさ》まじい損害をもたらしました。阿部の辞任後も、1855年（安政2年）10月に、安政江戸地震（安政の大地震）が発生しています。

安政の改革は、これら大地震の復興事業に幕府が多大な支出を強いられたこと、また阿部が攘夷派の徳川斉昭と意見を違《たが》えたこと、そして阿部自身が急逝《きゅうせい》したことで、最終的には頓挫《とんざ》しました。海防掛・江川英龍による韮山の反射炉も地震で崩壊《ほうかい》、品川台場は幕府の軍備近代化に寄与《きよ》したものの、莫大《ばくだい》な資金を投じられながら、実際に使用されることはありませんでした。

それではハリスの来航時、通商条約の交渉を取り仕切ったのは誰《だれ》かというと、佐倉《さくら》藩（千葉県佐倉市）藩主の堀田正睦《ほったまさよし》でした。1855年（安政1年）、阿部の後を受けて老中首座となった堀田は、「蘭癖《らんぺき》」と称《しょう》されるほどの蘭学好きな開国論者。彼は貿易の必要性を感じ、ハリスとの交渉に際しても開国政策を推し進めようとしました。

そうなれば、とうぜん対立するのが水戸藩の徳川斉昭です。斉昭は尊王攘夷派の重鎮として、西欧《せいおう》諸国主導の条約締結には断固反対の立場でした。幕府の開国政策を認めるわけもなく、幕政に自分の意見が反映されないと立腹。譜代派の井伊直弼との対立もあり、斉昭はハリス来航の翌年に、海防・政務などの幕政参与《さんよ》を辞任しました。

堀田はその後、ハリスと交渉した通商条約の記録を諸大名に公表。阿部が安政の改革でしたように、さまざまな意見を募《つの》りました。もちろん徳川斉昭は強硬《きょうこう》に攘夷論を主張。一方、幕府目付（政務監察役《かんさつやく》）の旗本・岩瀬忠震《いわせただなり》は、清で起きたアロー号事件を理由に開国を訴えました。

アロー号事件とは、1856年（安政3年）、広東《かんとん》（現在の中国広東省）でイギリス国旗を掲《かか》げるアロー号に対して、清の官憲が臨検したことなどを発端《ほったん》に、清とイギリス・フランスが開戦した事件です。同戦争は事件の名を取って、アロー戦争と呼ばれています。国際状況に詳《くわ》しい忠震は、清がこの戦争のために半ば植民地と化していることを知っていました。

十数年前のアヘン戦争当時は、欧米《おうべい》の使節・軍艦の日本来航自体が稀《まれ》だったため、幕府は警戒しつつも深刻な危機感は抱《いだ》いていませんでした。

けれどもアロー戦争は、欧米の軍艦が頻繁《ひんぱん》に来航するなかで生じたのです。日本も他人事ではいられません。危機感を募《つの》らせた忠震は、横浜開港の建白書をしたためました。

これらの意見を受けて堀田は、富国強兵のためには、やはり開国が必要であると表明しました。続いて彼はハリスに対面し、通商貿易および公使の江戸駐在を許可。幕府はアメリカに対して、全面的な開国を許諾《きょだく》した形になりました。

さらに堀田は慣例を破り、ある行動に出ます。1858年（安政5年）1月のことでした。通商条約締結のため、調印の許可を天皇に求めようと、京の朝廷へ向かったのです。

堀田としては天皇の許可、勅許《ちょっきょ》さえあれば攘夷派を封《ふう》じ込められると考えての上洛でした。それは同時に、自ら祖法と呼ぶ鎖国政策を破る責任に堪《た》えかねた幕閣が、朝廷の承認を得て決断の責任を軽減しようとした、とみることもできます。

しかし、どちらにしても堀田の行動は、パンドラの箱を開けたも同然でした。「日本の真の支配者は天皇であり、将軍はその権限を代行しているに過ぎない」という水戸学の思想を、自ら認めてしまったのです。

江戸開府の際に「禁中並公家諸法度《きんちゅうならびにくげしょはっと》」で定められた、朝廷に対する国政参与《さんよ》の禁止を、250年以上の時を経て、幕府自身が反故《ほご》にしてしまったのです。

一方、堀田はこれまで朝廷が幕府の意向に従って来たように、今回も天皇は了承《りょうしょう》すると考えていました。ところが極度の異国嫌《ぎら》いだった孝明《こうめい》天皇は、攘夷派公家の意見も受けて、通商条約の調印に対する勅許を拒絶《きょぜつ》。

結局、堀田は成果を得ることなく江戸へ帰り、苦しい立場に追い込まれました。

column 2

万《まん》延《えん》元《がん》年《ねん》遣《けん》米《べい》使《し》節《せっ》団《だん》

太平洋を渡《わた》った幕府の軍艦《ぐんかん》、咸臨丸《かんりんまる》

日本で攘夷《じょうい》の嵐《あらし》が吹《ふ》き荒《あ》れるなか、1860年（安政7年）1月、アメリカを目指す2隻《せき》の軍艦が、品川港（東京都品川区）から出航しました。幕府目付・小栗忠順《おぐりただまさ》ら77名の使節団が乗るアメリカ軍艦ポーハタン号と、幕府海軍の軍艦「咸臨丸」です。咸臨丸は、日米修好通商条約の批准書《ひじゅんしょ》（条約に同意を示す国家文書）を渡《わた》す使節団の護衛艦《ごえいかん》として、航海に随行《ずいこう》しました。

とはいえ咸臨丸の目的は幕府海軍の訓練にありました。そのため同艦には、軍艦奉行《ぶぎょう》の旗本・木村芥舟《きむらかいしゅう》をはじめ、軍艦操練所の教授方頭取・勝海舟《かつかいしゅう》や、練習生など総勢90余名が乗船。土佐の元漁師で、漂流して渡米し、約10年後に帰国した中浜万次郎《なかはままんじろう》も通訳として参加。後に「慶應義塾」を創設する福沢《ふくざわ》諭吉《ゆきち》も、木村芥舟の従者を務めました。

咸臨丸とポーハタン号のルート

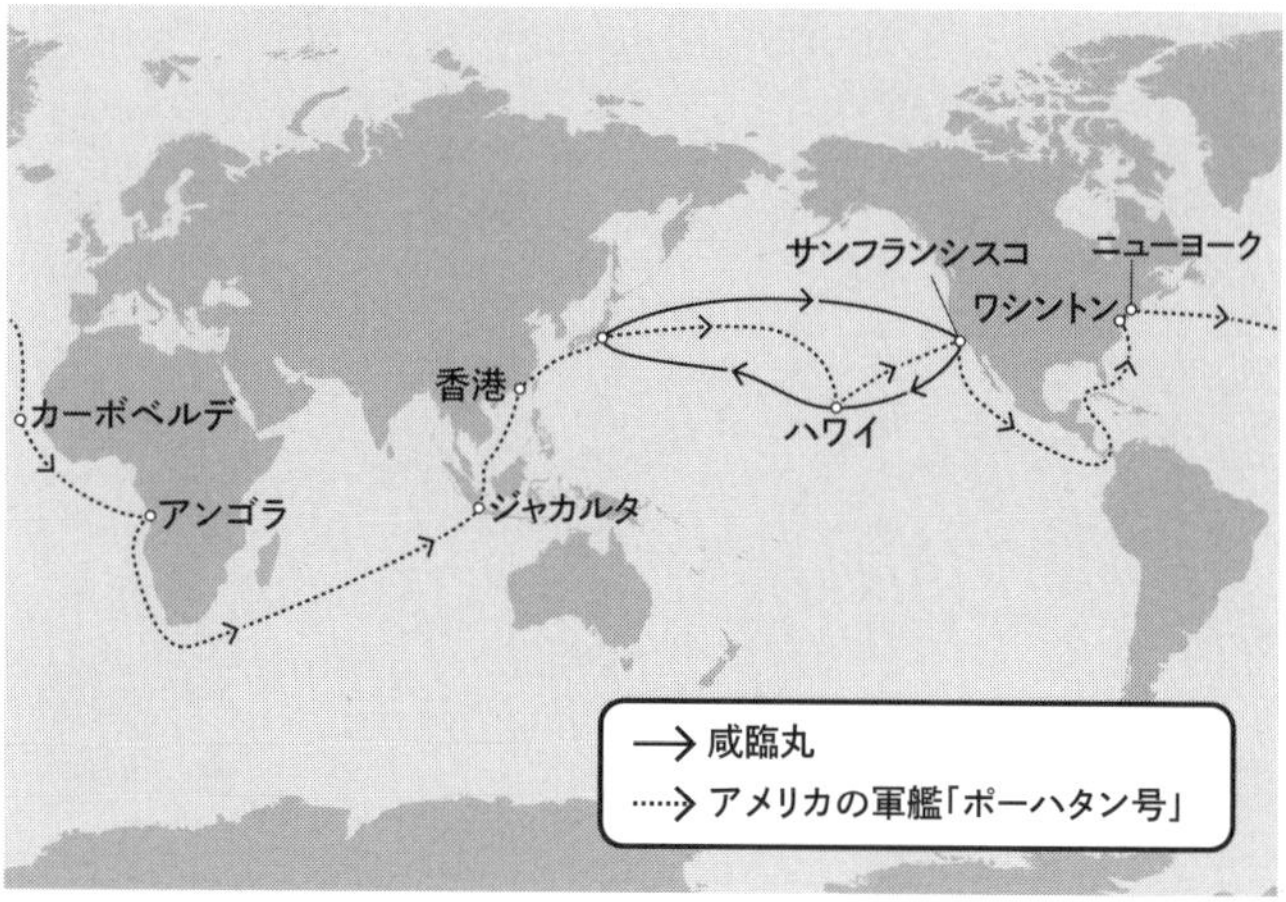
サンフランシスコ
ニューヨーク
ワシントン
香港
ハワイ
カーボベルデ
アンゴラ
ジャカルタ
咸臨丸
アメリカの軍艦「ポーハタン号」

アメリカに到着《とうちゃく》した使節団は、ワシントンで批准書を交換《こうかん》。一行は同国で最先端《さいせんたん》の科学技術を目の当たりにし、日米の力の差を痛感しました。しかし使節団の小栗忠順は、日本の小判と米国金貨の金含有量《がんゆうりょう》の違《ちが》いに着目。結果的には要求を退けられましたが、交換比率の見直しを迫《せま》るなど、日本側に優《ゆう》秀《しゅう》な人材がいることを認識させました。

咸臨丸は「戊辰《ぼしん》戦争」が勃発《ぼっぱつ》すると旧幕府軍に奪取《だっしゅ》され、その後漂流《ひょうりゅう》を経て新政府軍に捕獲《ほかく》されました。維新《いしん》後は輸送船になるなど、数奇《すうき》な運命を辿《たど》った末に、北海道沿岸で難破。同艦は1871年（明治4年）に、その役目を終えました。

慶福《よしとみ》か、慶喜《よしのぶ》か ―将軍継嗣《けいし》問題―

堀田が京都から戻《もど》ると、江戸では第13代将軍・家定《いえさだ》の後継《こうけい》をめぐる将軍継嗣問題が過熱していました。

すでに第12代将軍の徳川家慶《いえよし》は、ペリーが来航した1853年（嘉永《かえい》6年）の6月に、61歳《さい》で没《ぼっ》しています。その後、子息の家定が将軍に就きますが、病弱であったため跡継《あとつ》ぎが望めず、就任時には早くも次の第14代将軍を誰にするか、将軍継嗣問題が浮上《ふじょう》していたのです。

候補として、2人の人物がいました。

1人は紀州《きしゅう》藩（和歌山県和歌山市）藩主の徳川慶福（後の家茂《いえもち》）。1858年当時はまだ、13歳の若君でした。

もう1人は水戸藩主・徳川斉昭の7男、徳川慶喜《よしのぶ》。徳川家から分立した御三卿《ごさんきょう》の1つである一橋《ひとつばし》家を相続した彼は、このとき22歳の青年でした。

黒船来航から約5年の間、有力大名たちは慶福を推す南紀派と、慶喜を推す一橋派に分かれ、激しく対立していたのです。

　両派に分かれた理由はまず、人選の基準の違いでした。

　南紀派の第1条件は血筋。神君家康公の、そして現在の将軍である家定に、より近縁《きんえん》の慶福の方が次期将軍に相応しいという、伝統に基づいた人選でした。

　一方の一橋派は、南紀派に比べて現実路線でした。ペリー来航当時の慶福はまだ8歳。外圧が高まりつつある時勢のなかで、難局に際し幼君を将軍の継嗣とするよりも、英明と名高い慶喜の方が相応しい、という人選です。

　南紀派と一橋派はイコール開国派と鎖国

将軍継嗣問題　関係図

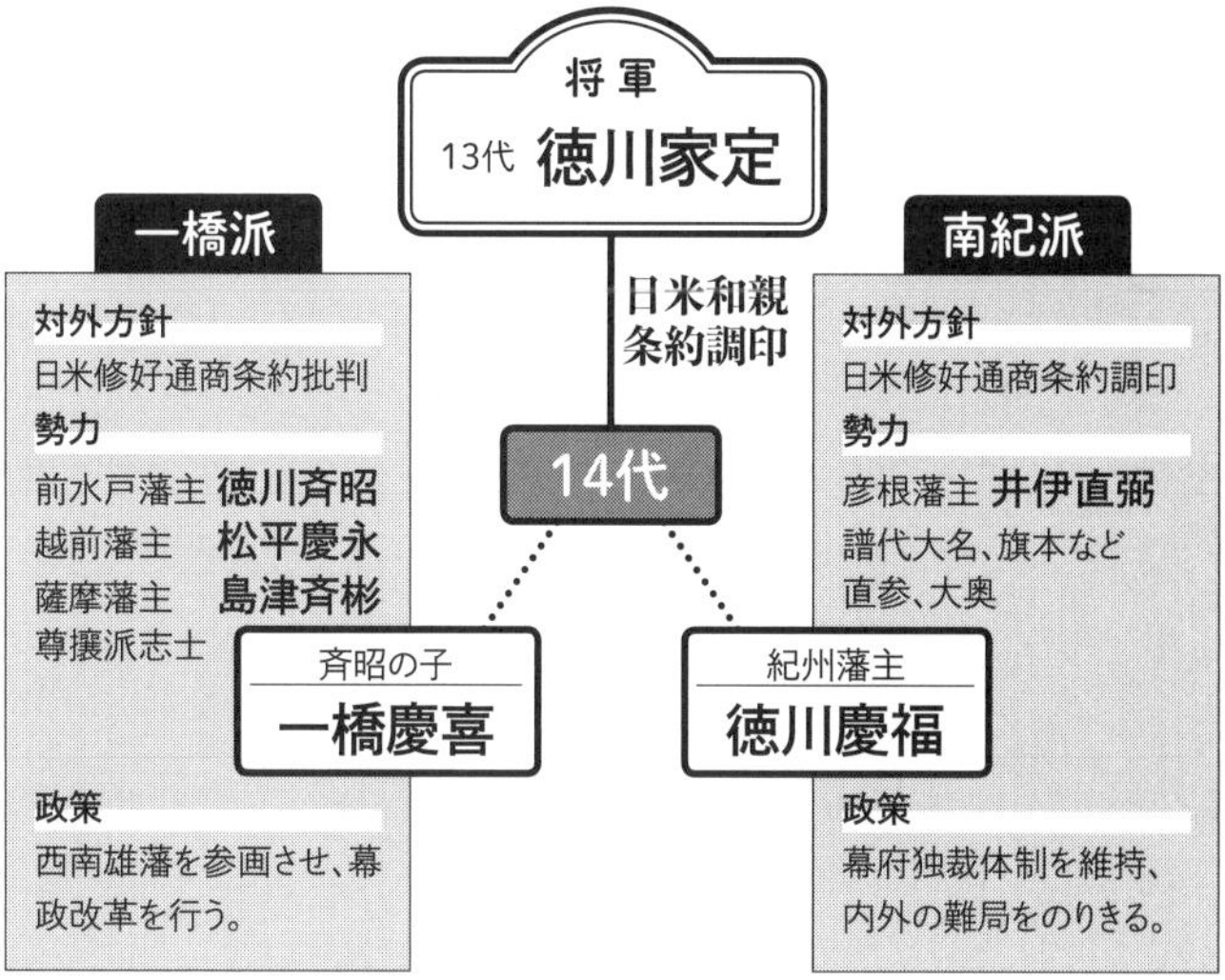

将軍
13代 徳川家定
日米和親条約調印
14代
一橋派
対外方針
日米修好通商条約批判
勢力
前水戸藩主 徳川斉昭
越前藩主 松平慶永
薩摩藩主 島津斉彬
尊攘派志士
斉昭の子
一橋慶喜
政策
西南雄藩を参画させ、幕政改革を行う。
南紀派
対外方針
日米修好通商条約調印
勢力
彦根藩主 井伊直弼
譜代大名、旗本など
直参、大奥
紀州藩主
徳川慶福
政策
幕府独裁体制を維持、内外の難局をのりきる。

派ではありません。しかし、この将軍継嗣問題では、幕政を主導する譜代《ふだい》大名・井伊直弼らが中心となって南紀派に結集し、彼らの幕閣専制を批判する外様大名・薩摩《さつま》藩（鹿児島県鹿児島市）藩主の島津斉彬や、親藩《しんぱん》水戸藩の徳川斉昭が中心となって一橋派を形成しました。それぞれの派閥《はばつ》には開国派も鎖国派も存在し、通商条約問題と重なって、幕府は複雑な局面を迎《むか》えていました。

いずれにせよ、徳川慶喜が将軍になれば、実父である徳川斉昭が実権を握《にぎ》り、外様と共に幕政を思い通りに動かすことは容易に想像ができます。そのため譜代の井伊直弼を中心として、南紀派は一橋派を阻止《そし》しなければならないと考えました。

すでに一橋派は、慶喜の将軍就任を後押しする強力な一手を打っています。薩摩藩主・島津斉彬の養女、篤姫《あつひめ》を家定の正室として江戸城へ送り込んだのです。

2人の婚儀《こんぎ》は、1856年（安政3年）に行われました。輿入《こしい》れに際して養父・斉彬から篤姫には、次の将軍は徳川慶喜を指名するよう、家定に薦《すす》める密命があったといわれています。

加えて斉彬は、薩摩藩士の西郷吉之助《さいごうきちのすけ》（後の隆盛《たかもり》）に指示を出し、次期将軍として慶喜を支持するよう、公家衆の説得にあたらせました。

井伊直弼も対抗《たいこう》し、側近の長野主膳《ながのしゅぜん》(彦根藩校弘道館《こうどうかん》教授)を京都に向かわせて、公家衆への裏工作を画策。しかし直弼と同じ開国派で、当初は南紀派として慶福を推していた老中の堀田正睦が、幕府と朝廷の関係回復を図るため、慶喜支持に転じると、南紀派は危機感を高めました。

幕閣のなかでも保守派を成す南紀派は、堀田に幕政を任せていては、政局がさらなる混乱に陥《おちい》ると判断しました。そこで譜代の実力者を押し立てて、慶喜擁立《ようりつ》の波を打ち消さなければと、強引な手段に出たのです。

1858年(安政5年)4月、彦根藩主・井伊直弼、大老就任。

大老は老中よりも格上の役職です。直弼は南紀派の

そのころ、世界では?

1848年フランスで2月革命

経済危機に不満をつのらせていたパリの民衆が蜂起《ほうき》して、18年のあいだ王位についていたルイ・フィリップを追放し、第二共和政を成立させました。これを発端《ほったん》に、ヨーロッパ諸国に自由主義革命運動が広がりました。

後押《あとお》しで、老中の堀田よりも上の地位に就任したのです。

直弼の大老就任には、将軍家定の意向もありました。その背景には、家定の生母・本寿院《ほんじゅいん》が徳川斉昭を嫌《きら》い、斉昭の子の慶喜が後継《こうけい》となれば自害する、と家定に迫《せま》ったため、とも伝えられます。つまりは家定が、篤姫による慶喜擁立の進言を聞き入れず、一橋派を排除《はいじょ》するために直弼を大老にした、ということでした。

大老となった井伊直弼は、南

紀派の期待通りに強権を発動しました。

1858年（安政5年）6月19日、「日米修好通商条約」に調印。調印にあたって、朝廷の許可は得ていません。しかしこの件に際して直弼は、最後まで慎重な姿勢で望んでいたことが分かっています。調印を独断で強行したわけではなく、全権を任せた目付の岩瀬忠震や下田奉行の井上清直《いのうえきよなお》ら交渉役に、やむを得ない場合は調印を認めると、裁量を与《あた》えていたのです。彼らはハリスから、アロー戦争に事実上勝利した英仏連合軍が日本に来るかもしれない、という情報を得て、条約調印の決断に至りました。しかし勅許《ちょっきょ》を得ていない以上、反対派にとっては直弼の独断と変わりません。

続く25日、幕府は次期14代将軍として、家定の継嗣に徳川慶福を迎えると発表。

こうして約5年にわたる将軍継嗣問題は南紀派の勝利に終わり、アメリカとの通商条約も締結されました。しかし大老・井伊直弼が得た強権は、その後も日本を揺《ゆ》るがします。直弼への反発が高まり、尊王攘夷派との対立が激化していくのです。

黒船来航からはじまった開国の動乱は、いよいよ本格化します。

ところで、黒船が来航した際、アメリカに密航しようとして、旗艦《きかん》ポーハタン号に乗り込んだ若者がいました。彼は外交問題に発展することを恐《おそ》れたペリーによって岸まで送り返され、その後、郷里の萩《はぎ》（山口県萩市）の牢獄《ろうごく》で、翌年まで収監《しゅうかん》されています。やがて倒幕《とうばく》運動のイデオローグとなる、吉田松陰《よしだしょういん》その人です。

この人並み外れた情熱と行動力をもつ人物は、出獄《しゅつごく》後、私塾《しじゅく》で多くの尊王志士を育て、井伊大老の強引な政治を批判し、過激なまでに反抗《はんこう》しました。

幕末の偉人 ❶

遭難をきっかけにアメリカへ

ジョン万次郎

Manjiro John

1827 ～ 1898

日本とアメリカの架《か》け橋となった通訳者

土佐《とさ》（高知県）の貧しい少年だった万次郎《まんじろう》は、1841年（天保12年）、漁師仲間と出漁中に遭難《そうなん》しました。一行はアメリカの捕鯨《ほげい》船に救助されましたが、鎖国《さこく》のルールを犯した罰《ばつ》を恐《おそ》れて日本に戻れず、乗船を続けました。その後、漁師仲間はハワイ寄港時に船を下りましたが、万次郎は船長の養子となって渡米《とべい》。アメリカでは「ジョン万次郎」と呼ばれ、首席で学校を卒業しました。

万次郎は黒船来航の２年前、望郷の念にかられ、約10年ぶりに土佐に帰国しました。その後は幕府に登用され、アメリカで学んだ知識を活かし、造船・航海術のほか、通訳、翻訳《ほんやく》などで活躍《かつやく》。旗本に列せられ、故郷の名から「中浜」姓を与えられました。

万次郎のもとには、将来の日本を支える人材が指導を求めて集まりました。土佐藩《とさはん》の岩崎弥太郎《いわさきやたろう》もその１人。万次郎は彼の海外貿易事業にも影響《えいきょう》を与《あた》えたようです。

第二章

開国の動乱

高まる不満 ―一橋《ひとつばし》派の不時《ふじ》登城―

日米修好通商条約には、開国に関する各種の取り決めが盛り込《こ》まれました。外交のための駐在《ちゅうざい》を江戸《えど》（現在の東京都）に置くこと、下田・箱館に加えて神奈川・長崎・新潟・兵庫を開港すること。江戸・大坂の市場を開き、それぞれに領事を置くこと、開港場に外国人の遊歩規定を設けること。信教の自由の尊重、輸入・輸出の制限撤《てっ》廃《ぱい》。

しかしこの条約には、日本にとって不平等な部分がありました。日本側は輸出入品に対する自由課税の権利を持たず、また外国人が日本国内で罪を犯した場合も領事が本国の法律で行うというもので、日本側は関税自主権を失ったうえに、アメリカの一方的な領事裁判権に合意してしまっていたのです。

後に締結《ていけつ》する、ロシア、オランダ、イギリス、フランスとの通商条約（アメリカも含《ふく》めて安政5カ国条約）も、同様に不平等な条約でした。

井伊《いい》直弼《なおすけ》はそれら各国との条約も、勅許《ちょっきょ》なしで調印します。安政の改革で、諸藩《はん》との合議制に移行しつつあった幕政でしたが、直弼の大老就任により、再び譜《ふ》代《だい》大名が独《どく》占《せん》する旧来の体制に戻《もど》ってしまいました。

とうぜん、反対派は黙《だま》っていません。

1858年（安政5年）6月24日。大名ら数名が、大老の独断的な調印を糾弾《きゅうだん》するべく、決められた登城日ではない日に江戸城（東京都千代田区）に登城する、「不時登城」をしました。

決行したのは、将軍継嗣《けいし》問題で対立した徳川慶喜《よしのぶ》、福井藩（福井県福井市）の藩主・松平慶永《まつだいらよしなが》と、前水戸藩（茨城県水戸市）の藩主・徳川斉昭《とくがわなりあき》、その子息で現水戸藩主・徳川慶篤《よしあつ》、そして尾張藩（愛知県名

日米修好通商条約　内容

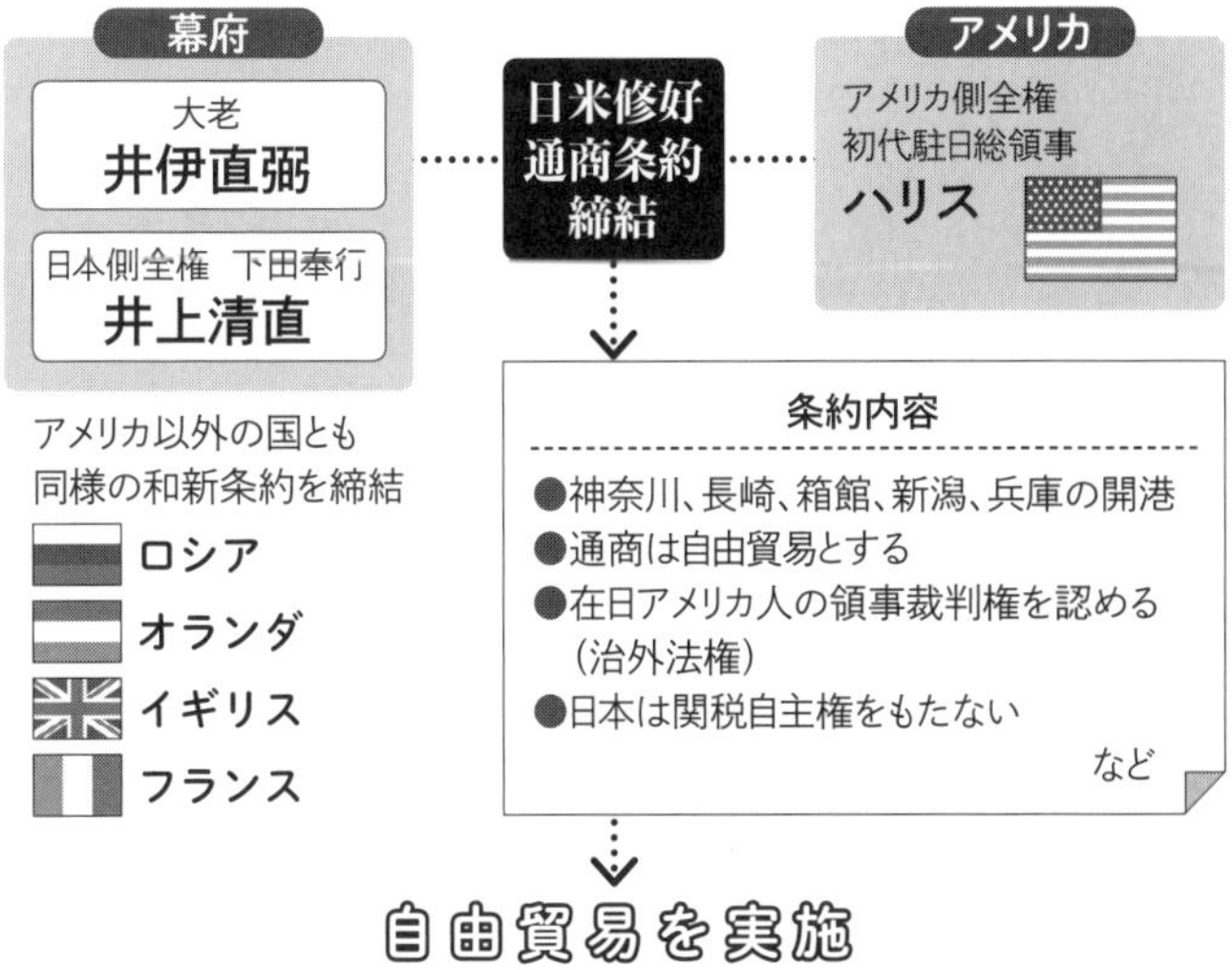
幕府
大老
井伊直弼
日本側全権　下田奉行
井上清直
日米修好通商条約締結
アメリカ
アメリカ側全権
初代駐日総領事
ハリス
アメリカ以外の国とも
同様の和新条約を締結
ロシア
オランダ
イギリス
フランス
条約内容
●神奈川、長崎、箱館、新潟、兵庫の開港
●通商は自由貿易とする
●在日アメリカ人の領事裁判権を認める（治外法権）
●日本は関税自主権をもたない
など
自由貿易を実施

古屋市）の藩主・徳川慶勝《よしかつ》です。

決められた日以外に勝手に江戸城へ登城することは、大名といえども言語道断の行為《こうい》。

しかし斉昭ら一橋派の大名は、大老の独断を憤《いきどお》るあまり、決まりを破ってまで登城したのです。彼らは通商条約が、孝明《こうめい》天皇の勅許を得ずに調印されたことに対し、直弼に強く説明を求めました。

しかし直弼は、調印は将軍の許可を得ていると話し、また、そうしなければ日本も清《しん》の二の舞《まい》になったかもしれない、と言ってかわします。そして翌日、過激な行動に出た反対派を抑《おさ》え込むように、慶福《よしとみ》の継嗣《けいし》決定を発表したのです。

不時登城をした一橋派の諸大名は、それから間もなく謹慎《きんしん》を命じられました。直弼は、大老の強権を発動

そのころ、世界では？

1851～64年清で太平天国の乱

洪秀全《こうしゅうぜん》が主導する、キリスト教の影響《えいきょう》を受けた一神教・上帝会《じょうていかい》を中心に、清（中国）で反乱が起きました。洪秀全は人間の平等を主張して農民の支持を獲得《かくとく》、広西省で挙兵し、翌年に太平天国の建国を宣言。同国は義勇軍などに鎮圧《ちんあつ》され、64年に滅《ほろ》びました。

し、幕政に意見する彼らを排斥《はいせき》したのです。

騒《さわ》ぎはまだ続きます。

斉昭らに謹慎の命が下された翌7月、第13代将軍・徳川家定《いえさだ》が急逝《きゅうせい》。家定の正室・篤姫《あつひめ》の養父であり、一橋派の主力だった薩摩藩（鹿児島県鹿児島市）の藩主・島津斉彬《しまづなりあきら》も、家定の死からわずか10日前後に亡くなりました。継嗣問題で直弼に敗れた斉彬は、事態を打開しようと抗議《こうぎ》のために兵を引き連れ、上洛《じょうらく》を計画していたのですが、鹿児島城下で兵士の戦闘《せんとう》訓練を観覧した直後に発病し、瞬《また》く間に命を落としたのです。次の薩摩藩主には、斉彬の異母弟・島津久光《ひさみつ》の長男、忠義《ただよし》が決定し、久光は「国父」として、藩政の実権を握《にぎ》りました。

家定と斉彬の急な死には、毒殺説も噂されました。真実は不明ですが、夫と養父を相次いで亡くした篤姫が、悲しみにくれたことは間違《まちが》いありません。

篤姫は同年、仏門に入り天璋院《てんしょういん》と名乗ります。天璋院は家定の死後も、故郷の薩摩には戻《もど》りませんでした。その後も江戸で、幕末の争乱に巻き込まれていくのです。

孝明天皇の勅書《ちょくしょ》 ―戊午《ぼご》の密《みつ》勅《ちょく》―

京都では、幕府による条約調印を知った孝明天皇が、直弼の強引な政治に怒《いか》りを露《あら》わにしました。朝廷と幕府、両者の関係はさらに悪化。そこへ藩主を謹慎された水戸藩が働きかけて、形勢逆転を狙《ねら》いました。

同年8月、孝明天皇は安政の条約を非難し、幕政の改革や攘夷《じょうい》の実行などを求める勅書《ちょくしょ》を水戸藩に出しました。「戊午の密勅」とよばれる、天皇の命令書です。「戊午」とはその年の干支、戊午（つちのえ・うま）に由来します。

水戸藩にとってこの勅書の下賜《かし》は、同藩が幕府と同等の位置であり、攘夷を主導する立場であることを、天皇から認められたようなものでした。藩の士気は大

そのころ、世界では？

1851年世界初の万国博覧会がロンドンで開催《かいさい》

ロンドンのハイドパークで、各国の工業製品・科学機械・美術工芸品などを展示する、国際的な博覧会（万国博覧会）が、世界ではじめて催《もよお》されました。イギリスが出展した「水晶宮《すいしょうきゅう》」が主会場となり、参加国は34カ国、見学者は600万人を数えました。

いに高まり、反幕感情が盛り上がりました。

2日後、同様の勅書が幕府に対しても下されました。

とうぜん直弼は激怒《げきど》しました。朝廷の幕政干渉《かんしょう》に対する怒《いか》りもさることながら、勅書が幕府に先んじて水戸藩に渡《わた》されたことを認めるわけにはいきません。水戸藩は幕府の臣下。その水戸藩を優先することは、幕府を貶《おとし》める行為《こうい》にほかなりません。

そのような危険な文書を放置すれば、今後に禍根《かこん》を残します。直弼は水戸藩に勅書の返納を強く要求しました。

大老の強権発動 ―安政の大獄《たいごく》―

密勅の返納要求は、水戸藩から強い反発を受けました。そうなれば、断固として処分を下すほかありません。直弼は大老として、尊攘《そんじょう》派の一斉摘発《いっせいてきはつ》を決意します。

なお、決意の裏には側近・長野主膳《ながのしゅぜん》による進言があったとみられています。直弼は、彦根《ひこね》藩（滋賀県彦根市）領で私塾《しじゅく》を経営していた主膳のもとで学び、この師に心酔《しんすい》していました。藩主就任後は藩設立の学校、藩校《はんこう》の弘道館《こうどうかん》に主膳を教授として迎《むか》え、自身の政治顧問《こもん》としても重用します。そのような過去の師弟関係もあり、直弼は日頃《ひごろ》から主膳を信頼《しんらい》していました。

尊攘派志士を絶やさなければ、幕府の復権はなし得ない。そう考えた直弼は、越前《えちぜん》鯖江《さばえ》藩（福井県敦賀市）藩主で老中を務める間部《まなべ》詮勝《あきかつ》を京へ向かわせ、一橋派や戊午の密勅に関わった尊攘派志士の捕縛《ほばく》を命じました。後に「安政の大獄」とよばれる大弾圧《だんあつ》がはじまったのです。

1858年（安政5年）9月、大獄が始まって真っ先に捕縛《ほばく》されたのは、小浜《おばま》藩（福

井県小浜市）出身の尊攘思想家、梅田《うめだ》雲浜《うんぴん》でした。
儒学《じゅがく》者でもある雲浜は、藩校の順造館《じゅんぞうかん》に8歳で入学した秀才《しゅうさい》です。藩政を批判して士《し》籍《せき》を剥奪《はくだつ》された後は、尊攘論を唱えて江戸や水戸などを遊説、長州藩（山口県萩市）にも滞在《たいざい》し、吉田松陰《よしだしょういん》に大きな影響《えいきょう》を与《あた》えています。

　彼は黒船来航に際して、幕府の弱腰《よわごし》外交を批判しました。外国人の排斥《はいせき》を熱く訴《うった》えるなど、その発言は過激で、尊攘派志士からは信奉《しんぽう》されましたが、幕府からは警戒《けいかい》されました。雲浜は、将軍継嗣《けいし》問題では一橋派として、大老となった直弼の排斥《はいせき》を企《くわだ》てるなど、尊攘派の中心人物として知られていました。

　この雲浜に並ぶ要注意人物として捕縛された儒学者が、京都出身の頼三《らいみ》樹《き》三郎《さぶろう》です。

そのころ、世界では？

1851年ルイ・ナポレオンがパリで政権を奪取《だっしゅ》

２月革命の結果、フランスでは第二共和政が成立しましたが、選挙に圧勝して大統領となったナポレオン１世の甥《おい》、ルイ・ナポレオンが、自らクーデターを起こし、議会を解散させました。これにより、第二共和政は事実上崩壊《ほうかい》しました。

彼は幼い頃《ころ》から、父の頼山陽《さんよう》や大坂の篠崎小竹《しのざきしょうちく》などから儒学を学びました。山陽は尊攘派に多大な影響を与えた『日本《にほん》外史《がいし》』の著者でもあります。三樹三郎も青年になると、遊学先の江戸で尊王攘夷運動に傾倒《けいとう》。朝廷を軽んじる幕府に憤《いきどお》りを隠《かく》さず、将軍家の菩提寺《ぼだいじ》である寛永寺《かんえいじ》（東京都台東区）の石灯籠《いしどうろう》を破壊《はかい》するなど、直情行動に出ています。また、三樹三郎は京に戻《もど》ると尊攘派志士と交わり幕府批判を広言、周囲から危険視されました。その後、黒船来航で尊攘論が盛りあがると、攘夷決行を朝廷に働きかけています。

安政の大獄　背景と相関図

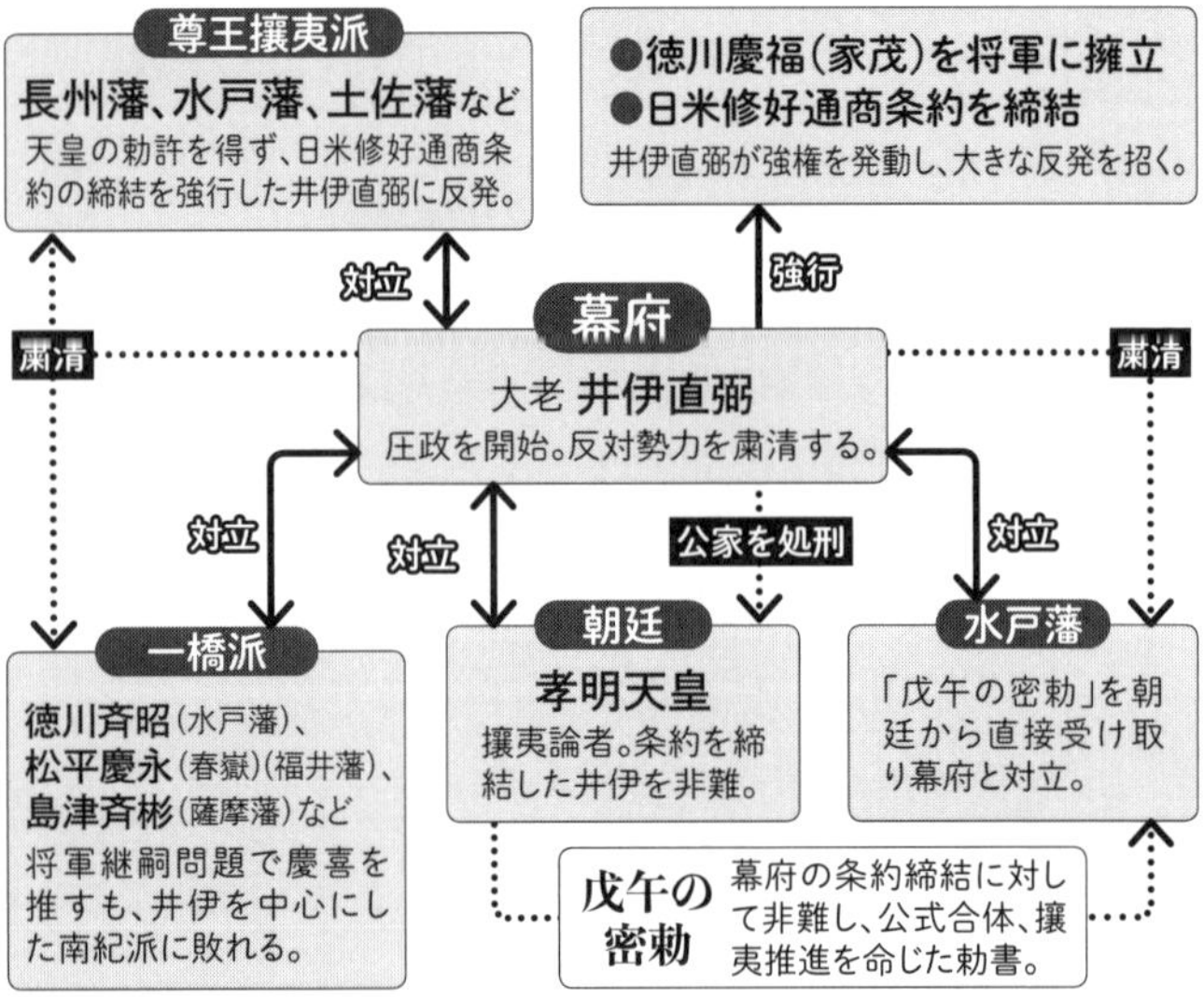

尊王攘夷派
長州藩、水戸藩、土佐藩など
天皇の勅許を得ず、日米修好通商条約の締結を強行した井伊直弼に反発。
●徳川慶福（家茂）を将軍に擁立
●日米修好通商条約を締結
井伊直弼が強権を発動し、大きな反発を招く。
対立
強行
粛清
幕府
大老 井伊直弼
圧政を開始。反対勢力を粛清する。
粛清
対立
対立
公家を処刑
対立
一橋派
徳川斉昭（水戸藩）、
松平慶永（春嶽）（福井藩）、
島津斉彬（薩摩藩）など
将軍継嗣問題で慶喜を推すも、井伊を中心にした南紀派に敗れる。
朝廷
孝明天皇
攘夷論者。条約を締結した井伊を非難。
水戸藩
「戊午の密勅」を朝廷から直接受け取り幕府と対立。
戊午の密勅
幕府の条約締結に対して非難し、公式合体、攘夷推進を命じた勅書。

捕縛は京都以外でも行われました。

不時登城で謹慎された福井藩主・松平慶永の側近、橋本左内も10月に江戸で拘禁《こうきん》されています。

左内は柔軟《じゅうなん》な考えの持ち主で、欧米《おうべい》の進んだ技術や制度に興味を持つ、一流の洋学者でもありました。諸外国との交易で経済成長を促《うなが》し、富国強兵を実現しようと考える開国派で、藩政改革に際して藩主の慶永に抜擢《ばってき》され、その名を知られるようになりました。

左内は将軍継嗣問題に際して、薩摩の西郷吉之助《さいごうきちのすけ》とともに、朝廷へ慶喜《よしのぶ》推挙を働きかけています。大獄では、当時の行動が取り沙汰《ざた》されたのです。

梅田雲浜、頼三樹三郎、橋本左内……大老・井伊直弼による弾圧《だんあつ》は、それだけに留まりません。大獄はまだ、はじまったばかりでした。

column 3

長《ちょう》州《しゅう》五傑《ファイブ》

5人の若き長州藩士《はんし》による密留学

1863年（文久3年）5月、長州藩の伊《い》藤博文《とうひろぶみ》、井上馨《いのうえかおる》、遠藤謹助《えんどうきんすけ》、山尾《やまお》庸三《ようぞう》、井《いの》上勝《うえまさる》の5人（長州五傑）は、武器商人トーマス・グラバーらの協力を得てイギリス船に潜《もぐ》り込《こ》み、横浜港を出航、イギリス・ロンドン大学に留学しました。

当時の長州藩は藩論を破約攘夷《じょうい》（条約破《は》棄《き》）としていましたが、将来的には外国との通商が必要になるとして、その際の人材を育成しようと、彼らを送り出したのです。

当時のイギリスはヴィクトリア朝時代の最盛期。産業革命により都市が発展し、通勤に鉄道を利用するなど、大衆の生活様式は驚《きょう》異《い》的なスピードで近代化していました。

5人は大学に通って勉強に励《はげ》みつつ、造船所など各種製造工場や、造幣《ぞうへい》所、博物館、美術館などを見学し、西欧《せいおう》文明を貪欲に吸

bakumatsu column #3

幕末に活躍した長州出身者

長州五傑

- **伊藤博文**（足軽、松下村塾出身）……初代内閣総理大臣
- **井上　馨**（藩士）……外務大臣、大蔵大臣歴任
- **遠藤謹助**（藩士）……造幣局長
- **山尾庸三**（庄屋）……法制局初代長官
- **井上　勝**（藩士、明倫館出身）……鉄道局長官

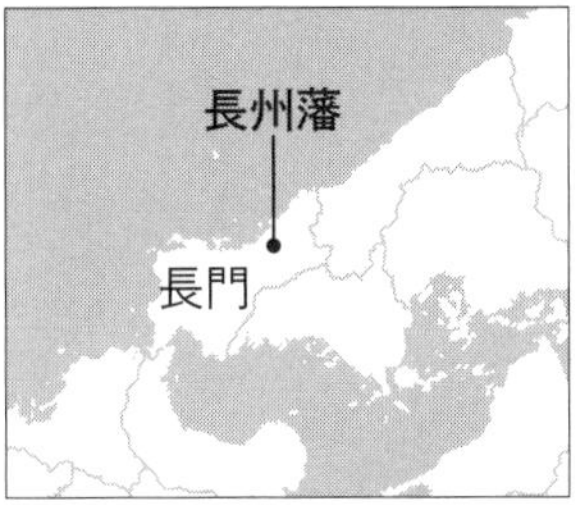

その他の長州出身者

- **吉田松蔭**……松下村塾で教鞭を執る
- **高杉晋作**……奇兵隊初代総督など
- **桂小五郎**……明治新政府の中核
- **大村益次郎**……明治新政府軍のトップ
- **山縣有朋**……明治政府の陸軍トップ

収しました。彼らはイギリス諸技術の先進性を思い知ると同時に、日本の立ち遅《おく》れを痛感、次第に開国へと意識を改めます。

5人のうち、伊藤博文と井上馨は、同年の長州藩外国船砲撃《ほうげき》事件や薩英戦争の勃発《ぼっぱつ》などを知り、留学途中《とちゅう》で帰国しました。2人は藩や政府の役人に、尊王開国に向けて外国の形勢事情を説明しようと考えたのです。

維新《いしん》後、井上勝は鉄道事業に貢献《こうけん》、遠藤は造幣局長に就任。伊藤は初代内閣総理大臣となり、山尾は工部省の設立に関わりました。

井上馨は要職を歴任、洋風建築の社交クラブ、鹿鳴館《ろくめいかん》を設立。同館では、国内外の上流人による舞踏会《ぶとうかい》が華々《はなばな》しく催《もよお》されました。

倒幕《とうばく》派の象徴《しょうちょう》 ―吉田松陰―

京や江戸が大獄に震撼《しんかん》するなか、長州では吉田松陰が、無謀《むぼう》な計画にとり憑《つ》かれていました。ペリーが来航した際、黒船に乗り込もうとしたあの若者です。

1858年（安政5年）11月6日、反幕派の松陰は、自身が主宰《しゅさい》する松下村塾《しょうかそんじゅく》の塾生らと、老中・間部詮勝《まなべかつあき》の殺害計画を企《くわだ》て、藩に武器弾薬《だんやく》の借用を願い出ました。京で朝廷工作や尊攘派の弾圧《だんあつ》を行う、憎《にく》き大老の腹心を殺そうというのです。

水戸藩のように真っ向から抗《あらが》う勢力がいる一方、井伊直弼の暴力的な専制政治には、多くの大名が萎縮《いしゅく》していました。長州藩も例外ではありません。戊午の密勅騒《さわ》ぎに接しても、藩主の毛利敬親《もうりたかちか》は静観に徹《てっ》していました。

松陰はそのような藩に失望し、また藩に揺《ゆ》さぶりをかける意図もあったのか、自ら反幕の姿勢を示そうと、無謀な暗殺計画を企てたのです。しかし、あまりにも過激な計画には、それまで松陰に好意的だった藩士らも異議を唱えました。とうぜん藩も慌《あわ》て、黒船来航時のように彼を投獄《とうごく》しました。

藩校とおもな私塾

●おもな藩校/大名
おもな私塾/主宰者
■漢学
▲蘭学・洋学
★国学
〈　〉内は所在地と設立年
●明倫館/毛利
〈萩・1719年〉
■松下村塾/吉田松陰
〈萩・1856年〉
■古義堂/伊藤仁斎
〈京都・1662年〉
●弘道館/仙石
〈出石・1782年〉
■青谿書院/池田草庵
〈宿南・1847年〉
●尚徳館/池田
〈鳥取・1756年〉
●文武館(修道館)/松平
〈松江・1863年〉
●明倫堂/前田
〈金沢・1792年〉
●弘道館/井伊
〈彦根・1830年〉
■藤樹書院
/中江藤樹
〈青柳・1636年〉
●明義堂/南部
〈盛岡・1840年〉
●養賢堂/伊達
〈仙台・1772年〉
●稽古館/津軽
〈弘前・1796年〉
●明道館(明徳館)
/佐竹
〈秋田・1789年〉
●致道館/酒井
〈鶴岡・1805年〉
●興譲館/上杉
〈米沢・1776年〉
●弘道館/徳川
〈水戸・1841年〉
●日新館/松平
〈会津・1799年〉
■蘐園塾/荻生徂徠
〈江戸・1709年頃〉
▲芝蘭堂/大槻玄沢
〈江戸・1786年〉
■昌平坂学問所/幕府
〈江戸・1797年〉
■三計塾/安井息軒
〈江戸・1839年〉
▲韮山塾/江川坦庵
〈韮山・1842年〉
●明倫堂/徳川
〈名古屋・1783年〉
★鈴屋/本居宣長
〈松坂・1758年〉
▲適塾/緒方洪庵
〈大坂・1838年〉
■洗心洞/大塩中斎
〈大坂・1830年頃〉
■懐徳堂/中居甃庵
〈大坂・1724年〉
●長久館/蜂須賀
〈徳島・1856年〉
●学習館/徳川
〈和歌山・1791年〉
●好古堂/酒井
〈姫路・1749年〉
■閑谷学校/池田
〈岡山・1668年〉
●花畠教場/池田
〈岡山・1641年〉
●教授館/山内
〈高知・1760年〉
●弘道館/阿部
〈福山・1786年〉
■廉塾/菅茶山
〈神辺・1796年〉
●修道館/浅野
〈広島・1782年〉
●造士館/島津
〈鹿児島・1773年〉
●習教館/相良
〈人吉・1786年〉
●時習館/細川
〈熊本・1755年〉
▲鳴滝塾/シーボルト
〈長崎・1824年〉
●弘道館/鍋島
〈佐賀・1781年〉
■咸宜園/広瀬淡窓
〈日田・1817年〉
●修猷館/黒田
〈福岡・1784年〉
■甝英館/亀井南冥
〈福岡・1784年〉

松陰の熱意と積極性は、人を魅了《みりょう》する反面、身を滅《ほろ》ぼす危険性をはらんでいました。彼を尊敬する者は多くいましたが、穏健《おんけん》な人々には「危ない人」にも映ったのです。

下級藩士の家に生まれた松陰は、幼少時に藩の兵学師範《しはん》だった叔父《おじ》の養子となって跡《あと》を継《つ》ぐと、短期間で山鹿流《やまがりゅう》兵学を習得、わずか11歳《さい》で藩主の敬親に講義を行うという、稀代《きたい》の天才でした。

彼は幼いときから水戸学や儒学《じゅがく》を熱心に学んでいましたが、頑迷《がんめい》な尊王攘夷論者というわけではなく、進歩的な考えの持ち主でした。藩からは軍学者の道を期待されましたが、古臭《ふるくさ》い軍学など通用しない時代が来ると考えて江戸へ行きました。江戸では松代藩《まつしろ》（長野県長野市）の儒官《じゅかん》にして江戸随一《ずいいち》の洋学者、佐久間《さくま》

そのころ、世界では？

1852年ルイ・ナポレオンが皇帝《こうてい》に即位《そくい》

第二共和政でクーデターを起こしたルイ・ナポレオンは、国民投票により翌年帝位《ていい》につき、「ナポレオン３世」となりました。ナポレオン３世による第二帝政《ていせい》は、独裁的な統治体制でしたが、人民投票と普《ふ》通《つう》選挙が行われました。

象山《しょうざん》のもとで洋学を学びました。黒船に乗り込みアメリカ密航を企てたのも、外国を自分の目で見て、実態を知りたいとの考えからでした。

密航未遂《みすい》事件の後、長州藩で投獄《とうごく》された松陰は、出獄《しゅつごく》後も実家で謹慎《きんしん》する罪人扱《あつか》いを受けました。1857年（安政4年）、彼はその謹慎中に、叔父《おじ》が主宰《しゅさい》する松下村塾で教鞭《きょうべん》を執《と》りはじめます。

長州藩の藩校・明倫館《めいりんかん》に入学できるのは、上級藩士の子弟のみ。松下村塾には、向学心に燃える下級藩士や領民の子弟が、相次いで入塾しました。

当時の授業は一般《いっぱん》的に、師の講義を一方的に聴く形式でしたが、松陰はもっぱら弟子たちと意見を戦わせ、共に学んで真理を探究する授業を行いました。師弟の討論のなかから、日本のあるべき未来や新しい国の形を見出すという信念を持っていたのです。松陰が松下村塾で教えた期間は2年余りと短いものでしたが、その間に多くの逸材《いつざい》が育まれました。

たとえば、後に佐幕《さばく》派（幕府支持者）を一掃《いっそう》して藩政《はんせい》を奪取《だっしゅ》し、長州藩海軍総督《そうとく》となる高杉晋作《たかすぎしんさく》。

加えて、松陰が高杉とならぶ逸材《いつざい》と認め、自身の妹を嫁《とつ》がせた長州藩士、久坂玄瑞《くさかげんずい》。

また、使用人の家に生まれながら、長州藩を代表する軍人となり、後に内閣総理大臣に就任した山縣有朋《やまがたありとも》。

そして、同じく低い身分から初代内閣総理大臣までのぼりつめ、合計4度も内閣を組閣して、枢密院《すうみついん》議長として政界に君臨した、伊藤博文《いとうひろぶみ》。

しかし優秀《ゆうしゅう》な門下生を輩出《はいしゅつ》した松下村塾も、松陰による間部暗殺計画によって藩から厳しく監視《かんし》され、閉鎖《へいさ》状態となりました。

さらには松陰と梅田雲浜の関わりが発覚。長州藩に幕命が下り、松陰は危険人物として江戸に送られ、尋問《じんもん》を受けることになりました。

大獄の終結　―桜田門外の変―

活動家だけではなく、上層の人々もまた、安政の大獄からは逃《のが》れられませんでした。

1859年（安政6年）に入ると、徳川斉昭や慶喜など、大老・井伊直弼と敵対する諸大名や公家は、相次いで謹慎《きんしん》や遠島を言い渡《わた》されました。

2月、幕府は孝明天皇に圧力をかけ、条約調印に反対した一橋派の久邇宮朝彦親王《くにのみやあさひこ》を謹慎させています。朝彦親王はその後、終身一室に籠《こ》もる永蟄居《えいちつきょ》となりました。

4月、幕府は近衛忠熙《このえただひろ》ら公卿《くぎょう》に謹慎、落飾《らくしょく》（貴人の出家）を命じました。公卿とは、公（太政大臣および左・右大臣）と卿（大・中納言、参議および三位以上の朝官）の呼称、朝廷の高官を指す言葉です。このときは公卿だけでなく、そのほかの公家も、条約調印に反対して慶喜を推し、戊午の密勅に関与《かんよ》した者は皆《みな》、幕府の処分を受けました。

8月には水戸藩の前藩主、徳川斉昭に国許永蟄居《くにもとえいちつきょ》の

そのころ、世界では？

1852年イギリスがビルマを侵略《しんりゃく》

イギリスがビルマ（ミャンマー）を植民地にする過程で、1824年から86年にかけて、ビルマ戦争または英緬《えいめん》戦争とよばれる、3回の戦争が生じました。52年の第2次ビルマ戦争以降、イギリスはヤンゴンをビルマにおける植民地経営の拠点《きょてん》にしました。

命令が下されます。藩主の慶篤には差控《さしひかえ》（緩《ゆる》い謹慎）、徳川慶喜には隠居《いんきょ》のうえ謹慎が命じられました。彼らはすでに不時登城の処分を受けていましたが、大獄の一環《いっかん》でさらに処罰《しょばつ》を受けたのです。また戊午の密勅の責任者として、水戸藩家老の安島《あじま》帯刀《たてわき》に、切腹命令が下されました。

水戸藩に続いて土佐《とさ》藩（高知県高知市）にも処分が下されています。

土佐藩の前藩主・山内豊信《やまうちとよしげ》に

安政の大獄で処罰されたおもな人物

朝廷
- 近衛忠熙《このえただひろ》・左大臣［辞官、謹慎］
- 鷹司輔熙《たかつかさすけひろ》・右大臣［辞官、謹慎］
- 鷹司政通《まさみち》・前関白［謹慎］
- 三条実万《さんじょうさねつむ》・前内大臣［謹慎］

幕府
- 一橋（徳川）慶喜《よしのぶ》・一橋家当主［隠居、謹慎］
- 川路聖謨《かわじとしあきら》・勘定奉行［謹慎］
- 永井尚志《ながいなおゆき》・軍艦奉行［罷免］
- 岩瀬忠震《いわせただなり》・作事奉行［永蟄居］

水戸藩
- 徳川斉昭《とくがわなりあき》・前藩主［永蟄居］
- 徳川慶篤《よしあつ》・藩主［登城停止］
- 安島帯刀《あじまたてわき》・家老［切腹］
- 茅根伊予之介《ちのねいよのすけ》・藩士［死罪］

薩摩藩
- 日下部伊三次《くさかべいそうじ》・藩士［獄中死］

長州藩
- 吉田松陰《よしだしょういん》・藩士［死罪］

尾張藩
- 徳川慶勝《よしかつ》・藩主［隠居、謹慎］

福井藩
- 松平慶永《まつだいらよしなが》・藩主［謹慎］
- 橋本左内《はしもとさない》・藩士［死罪］

小浜藩
- 梅田雲浜《うめだうんぴん》・元藩士［獄中死］

土佐藩
- 山内豊信《やまうちとよしげ》・藩主［謹慎］

宇和島藩
- 伊達宗城《だてむねなり》・藩主［隠居・謹慎］

は、一橋派として同年10月、謹慎処分が下されました。彼は2月の時点で隠居願《いんきょ》を提出し、藩主の座を辞して容堂《ようどう》と名乗っていました。その後も藩政の実権は握《にぎ》りましたが、幕政の安定を願いながらも藩内の尊攘派を抑え込めず、佐幕と倒幕の間で揺《ゆ》れ続けました。

公家や大名らは謹慎処分で済んでも、下層の者はそうはいきません。彼らには厳罰《げんばつ》が下されました。安政の大獄では、死刑《しけい》が8人に上りました。遠島や追放などの有罪判決者は全国にわたって70人前後。このほか獄死《ごくし》した者を含《ふく》めれば、大獄の被害者《ひがいしゃ》はさらに増えます。

9月には梅田雲浜が、獄中《ごくちゅう》で激しい拷問《ごうもん》を受けて死亡しました。

儒学者の頼三樹三郎も翌月に斬首《ざんしゅ》。

同日、橋本左内も処刑《しょけい》されました。

左内はこれからの日本に求められる有能な人材だったため、その早過ぎる死を惜《お》しむ人が多くいました。

かつて同じ一橋派として、左内と共同戦線を張った薩摩藩士の吉之助……西郷隆盛《たかもり》は、左内から貰《もら》った手紙を死ぬまで離《はな》さず手元に置いていたそうです。

なお、西郷は当時、藩命により奄美大島《あまみおおしま》（鹿児島県）に流されていました。

それには西郷の、実直で純真な人柄《ひとがら》が関係しています。なぜ西郷に流罪が下されたか、それまでの半生を少しみてみましょう。

下級武士の家に生まれた西郷は、頑固《がんこ》な面もありながら、強い正義感の持ち主で、周囲を魅了《みりょう》する正直者でした。

彼は16歳のころ、役人の職を得た際に、農民に賄賂《わいろ》を強要する先輩《せんぱい》役人の悪行に激怒《げきど》しました。その際、藩主の島津斉彬に、役人の不正を告発する書状を何度も送りつけています。

下級武士が藩主に直訴《じきそ》するなど、たいへんな度胸です。西郷の胆力《たんりょく》を見込んだ斉彬は、彼を気に入り近習に取り立てます。以後、斉彬が江戸で政局に深く関わっていくと、西郷もまたその手足となって働き、諸藩との連絡役《れんらくやく》として奔走《ほんそう》しました。西郷の才覚を見《み》抜《ぬ》いた斉彬は、将来の薩摩藩を導く人材として、彼を鍛《きた》えようとしたのです。

主従の絆《きずな》は固く結ばれました。ですがそれだけに余計、西郷は斉彬の死に際して、悲《ひ》嘆《たん》にくれて苦しみました。京都の旅宿でその悲報に接したときには、自暴自棄《じぼうじき》になり、殉死《じゅんし》を考えるほどでした。

その殉死を留めてくれたのが、月照《げっしょう》という尊攘派の僧侶《そうりょ》です。月照は西郷に、斉彬の遺志を継《つ》げと諭《さと》してくれました。

西郷は受けた恩義を忘れません。大獄がはじまると、公卿の近衛忠熙から月照の保護を依頼《いらい》され、2人はともに帰国しました。

けれども薩摩藩では、斉彬の死後、保守派が主流を占《し》めるようになり、幕府が危険人物と見なす月照を斬《き》ろうとする動きさえありました。受け入れを拒絶《きょぜつ》され、絶望した西郷は、月照とともに鹿児島湾へ入水します。

しかし、月照は死亡しましたが、丈夫《じょうぶ》な体を持つ西

そのころ、世界では？

1852年世界初の飛行船が空を飛ぶ

フランスの技術者ジファールが、流線型の船体に空気よりも軽いガスを充填《じゅうてん》して、その浮力《ふりょく》で上昇《じょうしょう》・自力飛行をする乗物、「飛行船」を開発しました。飛行船はその後20世紀に、ドイツのツェッペリンによって大型化され、旅客運航されました。

郷は蘇生《そせい》しました。

　西郷は入水の暴挙を咎《とが》められて、流罪となります。その際、藩は大獄の追及《ついきゅう》を逃《のが》れるために、西郷も月照とともに死亡したと幕府を欺《あざむ》いて、奄美大島に彼を隠《かく》したのです。

　そうしてまた時代に必要とされる時が来るまで、西郷は大島で過ごしました。その間、盟友の橋本左内の死を知った彼がどんなにか悲しんだか、想像に難くありません。

　さて、江戸では左内の処刑《しょけい》から間もなく、吉田松陰にも死罪が下されました。

享年《きょうねん》30でした。

松陰は取り調べのなかで、聞かれてもいない老中・間部詮勝の暗殺計画を自ら話してしまい、厳罰《げんばつ》が確定しました。彼は門下生に向けて、処刑《しょけい》の直前まで遺書「留魂録《りゅうこんろく》」をしたためています。その冒頭《ぼうとう》で、

「身はたとひ　武蔵の野辺に朽《く》ちぬとも　留置し大和魂《やまとだましい》」

と日本を思う歌を読み、自らの意志を門下生たちに託《たく》しました。

相次ぐ断罪に、尊攘派志士の反幕感情は高まっていきます。やがて彼らの怒《いか》りは、大事件となって噴出《ふんしゅつ》しました。直弼は大老として、失墜《しっつい》した幕府の権威《けんい》を取り戻《もど》すために強硬策に出たわけですが、その行為《こうい》がむしろ、尊攘派志士を刺激《しげき》したのです。

1860年（安政7年）3月3日、朝。

季節外れの雪が降るなか、大老・井伊直弼は登城のため、彦根藩邸を出ました。直弼を乗せた駕籠《かご》が江戸城の桜田門に差し掛《か》かると、そこへ複数の浪士が出現。直弼を一斉《いっせい》に襲撃《しゅうげき》し、殺害しました。

大老の暗殺に及《およ》んだのは、水戸の脱藩《だっぱん》浪士・関鉄之介《せきてつのすけ》ら17名と、彼らに同調した薩摩

脱藩浪士・有村次左衛門《ありむらじざえもん》の計18名。

水戸藩は幕府から戊午の密勅の返還《へんかん》要求を受けた際、返還を容認する尊攘鎮派《ちんぱ》と、反対する尊攘激派に分かれて、内紛《ないふん》状態になっていました。このうちの激派の一部が脱藩し、大老暗殺計画を実行したのです。

この「桜田門外の変」により、井伊直弼の圧政は終焉《しゅうえん》を迎《むか》えます。庇護《ひご》者の直弼がいなくなり、側近の長野主膳は藩内での立場を弱くしました。主膳は安政の大獄を企《くわだ》てた男として内外から避難《ひなん》され、彦根藩は幕府に対し、直弼失政の罪を彼になすりつけて弁解しました。その刑《けい》はおのずと過酷《かこく》なものとなり、主膳は切腹の名《めい》誉《よ》も与えられず、斬首刑《ざんしゅけい》に処されました。

一方で、尊攘派の先鋒《せんぽう》だった水戸藩前藩主・徳川斉昭は、井伊政権がようやく崩壊《ほうかい》したというにもかかわらず、政界に復帰することなく、桜田門外の変から約半年後、とつぜん発作を起こして急逝《きゅうせい》しました。長期に及《およ》ぶ蟄居《ちつきょ》が原因で、持病が悪化したものとみられます。

大老が白昼堂々暗殺されるという「桜田門外の変」は、幕府の権威《けんい》をさらに失墜《しっつい》させました。この失態に、反幕府勢力は勢いづきます。幕末の動乱が、事件を境に加速していくのです。

安政の大獄は、大老・井伊直弼からみれば、施政者《しせいしゃ》として不可避《ふかひ》の行為《こうい》だったとする見方もありますが、尊攘派からすると決して許されるものではありません。

大獄で排斥《はいせき》された者の多くは尊攘派・鎖国派・一橋派でしたが、なかには開国をめざす進歩的な志士もいました。

たとえばアメリカ外交の要となり、日本側全権として総領事のハリスを相手にした岩瀬《いわせ》忠震《ただなり》もその1人。日米修好通商条約に調印した彼は、直弼時代の幕府要人ながら、一橋派ということで追放処分を受けています。開国外交を導くはずの人材は、直弼の恐怖《きょうふ》政治のために失われたのです。

安政の大獄は、その後の幕府衰亡《すいぼう》の、一因になったといえるでしょう。

勝海舟らに影響を与えた才人

佐久間象山

Shouzan Sakuma

1811～1864

「五月塾」を開校し幕末に活躍《かつやく》する人材を輩出《はいしゅつ》

松代藩《まつしろはん》（長野県長野市）の下級藩士の家に生まれた象山は、算術や気象学などさまざまな知識を持つ才人でした。藩の儒官《じゅかん》に登用されましたが、傲岸《ごうがん》不遜《ふそん》な性格が災いして諍《いさか》いが絶えず、謹慎《きんしん》処分を受けています。赦免《しゃめん》後は江戸でオランダ語や西洋兵学など、あらゆる知識を短期間で習得。象山は江戸随一《ずいいち》の洋学者として名を馳《は》せ、ガラス製造法や予地震知器などの発明にも成功しました。

象山は黒船来航の2年前に、現在の東京銀座（中央区）で砲術・西洋学を教える「五月塾」を開校。弟子入り志願者は後を絶たず、勝海舟《かつかいしゅう》、吉田松陰《よしだしょういん》や坂本龍馬《さかもとりょうま》、橋本左内《はしもとさない》も象山に師事。松陰による密航未遂《みすい》事件の際には連座して投獄《とうごく》され、象山は約８年間、松代で蟄居《ちっきょ》生活を送りました。しかし1864年（元治元年）7月、京に出たところを尊攘《そんじょう》派志士に襲《おそ》われて死亡。幕末を代表する天才は、後進に多大な影響《えいきょう》を遺して世を去りました。

第三章

幕府の衰退

和宮の降嫁《こうか》 ―公武合体策―

大老・井伊直弼《いいなおすけ》の暗殺後、幕府は失墜《しっつい》した権威《けんい》の回復につとめます。当時は幕府だけでなく、社会全体が混乱状態にありました。

諸外国との通商により、国内の品物が不足して物価は上昇《じょうしょう》。人々の生活は不安定になり、各地で一揆《いっき》や打ち壊《こわ》しが起こっていました。国内の外国人に対する反感も増大。尊王論を唱える者たちは、天皇の意見を無視して開国した幕府に、批判を強めていました。

「桜田門外の変」後の幕府は、磐城平《いわきたいら》藩(福島県いわき市)藩主・安藤信正《あんどうのぶまさ》が直弼の後を受け、大獄《たいごく》で排斥《はいせき》された一橋《ひとつばし》派の大名、関宿《せきやど》藩(千葉県野田市)藩主・久世広周《くぜひろちか》が復権し、彼ら2人が老中として協力し、政局を主導しました。特に安藤が中心となり、徳川の威信《いしん》を取り戻《もど》すための「公武合体策」を推進しました。

公武合体策とは、揺《ゆ》らぎはじめた幕府の権力と朝廷《ちょうてい》の伝統的権威とを結びつけることにより、幕府の延命や建て直しをはかろうとする考え方で、井伊政権時代にも見られた

尊王攘夷派によるおもな事件

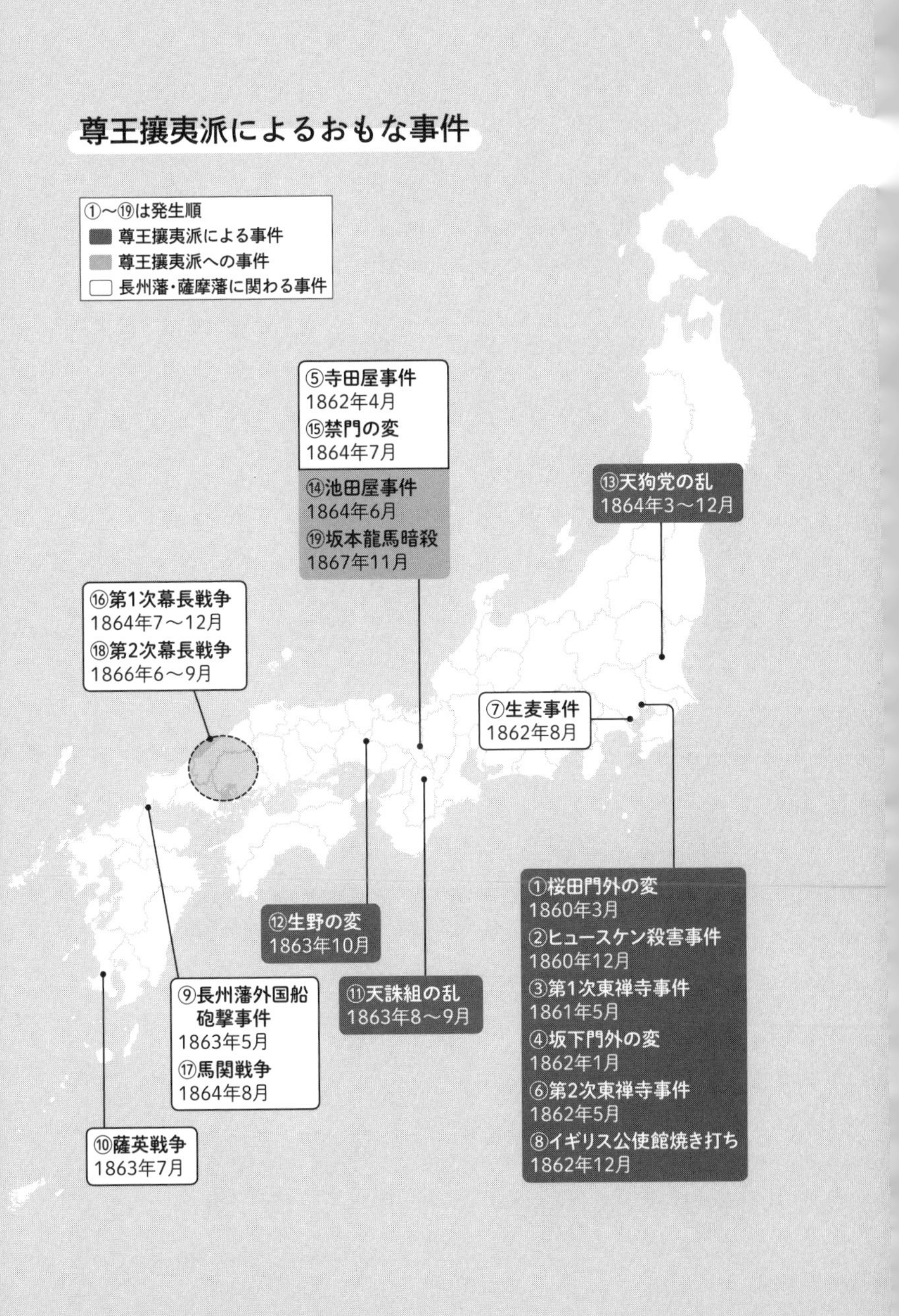

①～⑲は発生順
尊王攘夷派による事件
尊王攘夷派への事件
長州藩・薩摩藩に関わる事件
⑤寺田屋事件
1862年4月
⑮禁門の変
1864年7月
⑭池田屋事件
1864年6月
⑲坂本龍馬暗殺
1867年11月
⑬天狗党の乱
1864年3～12月
⑯第1次幕長戦争
1864年7～12月
⑱第2次幕長戦争
1866年6～9月
⑦生麦事件
1862年8月
⑫生野の変
1863年10月
⑨長州藩外国船砲撃事件
1863年5月
⑰馬関戦争
1864年8月
⑪天誅組の乱
1863年8～9月
①桜田門外の変
1860年3月
②ヒュースケン殺害事件
1860年12月
③第1次東禅寺事件
1861年5月
④坂下門外の変
1862年1月
⑥第2次東禅寺事件
1862年5月
⑧イギリス公使館焼き打ち
1862年12月
⑩薩英戦争
1863年7月

意見でした。当時は、孝明《こうめい》天皇の妹・和宮《かずのみや》内親王を、将軍・徳川家茂《とくがわいえもち》の正室として迎《むか》えることが提案されました。

しかし当時、和宮にはすでに婚約者《こんやくしゃ》がいました。有栖川宮熾仁《ありすがわのみやたるひと》親王です。孝明天皇はとうぜん難色を示しました。妹宮を婚約者から引き離《はな》し、政治の道具として遠く武蔵野の地に向かわせるなど、到底《とうてい》認められません。

けれども安藤と久世は、幕府の復権のために和宮の降嫁を熱望し、朝廷に対する働きかけを強めました。彼らの意向を受けた京都所司代・酒井忠義《さかいただあき》も、再三にわたり天皇へ降嫁の裁可を求めています。一方、朝廷内でも同様に、側近の岩倉具視《いわくらともみ》が反対意見を押《お》しのけて、「公武合体策は朝廷の権威上昇につながる」と天

そのころ、世界では？

1853年アメリカが現ニューメキシコを買収

アメリカは大陸横断鉄道の予定地として、アリゾナ州の一部（現ニューメキシコ）を、メキシコから1000万ドルで購入《こうにゅう》しました。これにより、アメリカ本土の領土が画定。この買収は交渉《こうしょう》役の公使ガズデンの名から「ガズデンの買収」とよばれています。

皇に進言しました。

後に新政府の大臣となるこの人物、岩倉具視は、1858年（安政5年）の宮中座り込《こ》み事件から、その名を知られるようになりました。この事件は、老中・堀田正睦《ほったまさよし》が通商条約の勅許《ちょっきょ》を得るために上洛《じょうらく》した際、反対派の公家衆88人を集め宮中で、座り込みを行うというものでした（八十八卿《きょう》の列参奏上）。結局、堀田は勅許を得られず辞職に追い込まれ、岩倉は尊王攘夷《じょうい》派から称賛《しょうさん》を受けました。

岩倉はもちろん尊攘《そんじょう》派でしたが、目的のためならば一時的に敵と協調もする、柔軟《じゅうなん》な思考の持ち主でした。彼は公武合体策を、天皇の権威を増す効果があると考え、和宮降嫁では幕府に協力したのです。

そうした岩倉らの働きもあり、最終的には孝明天皇も和宮の降嫁を承諾《しょうだく》。一方、幕府老中の安藤は、降嫁の見返りとして攘夷決行を約束し、それが降嫁の決め手になったのです。

婚約を解消させられた和宮は、数万人の大行列を従えて中山道を江戸《えど》（現在の東京都）へ下向。1861年（文久元年）11月、夫となる14代将軍・徳川家茂と対面し、大《おお》奥《おく》へ迎《むか》えられました。

ところが安藤・久世の両老中によるこの公武合体策は、2人の意図に反して「幕府が朝廷の伝統的権威を頼った」と捉《とら》える者も多く、徳川の復権にはつながりませんでした。

一方、尊攘派からは「朝廷の権威を貶《おとし》めた」と反発を買い、安藤は翌年、水戸浪士《ろうし》に襲撃《しゅうげき》されます（坂下門外の変）。浪士らは安藤が「戊午《ぼご》の密勅《みっちょく》」の返還《へんかん》要求を命じたことを恨《うら》み、以前から暗殺計画を企《くわだ》てていたのです。安藤は逃《に》げて助かりましたが、この件により失脚《しっきゃく》。久世も連座して老中を免職《めんしょく》されました。

時代はこれより、公武合体派と尊王攘夷派の争いへと発展します。

「国父」久光、東上する ―寺田屋事件と文久の改革―

安藤の暗殺未遂《みすい》により、尊王攘夷派が存在感を増すなか、薩摩《さつま》藩（鹿児島県鹿児島市）は公武合体派の中心勢力として台頭しました。

彼らが唱える「公武合体策」は、徳川の威信《いしん》回復を求めた安藤や久世の考えとは少々異なり、朝廷と雄藩《ゆうはん》主導による幕政でした。その路線は、新藩主の後見として藩政を主導する「国父」久光《ひさみつ》が、前藩主・斉彬《なりあきら》の政策を継承《けいしょう》したもの。同藩は朝廷や幕閣に対する様々な働きかけ行い、発言力を強めていきました。

1862年（文久2年）4月16日、久光は1000人の兵を率いて上洛。朝廷から幕政改革の勅命《ちょくめい》を得るためでした。久光は薩摩の軍事力を見せつけ、幕府に改革を要求しようとしたのです。これも斉彬の遺志を受け継《つ》ぐ行動でした。

しかし、この上洛を利用しようとする動きがありました。有馬《ありま》新七《しんしち》ら薩摩藩の尊攘激派の行動です。反幕の意志をもたない久光に反発して、彼らは自分たちの手で幕政を改革しようとしました。和宮の降嫁を推し

そのころ、世界では？

1853～56年ロシアと連合軍のクリミア戦争

トルコ領内のギリシャ正教徒保護を名目に南下を進めるロシアと、それを防ごうとするオスマン帝国《ていこく》・イギリス・フランス・サルデーニャ連合軍との戦いが、クリミア半島で開戦。1856年にパリで講和条約が結ばれ、終戦しました。

進めた京都所司代・酒井忠義や、公家の九条尚忠《くじょうひさただ》の襲撃を計画し、伏見《ふしみ》（京都市伏見区）の船宿・寺田屋で準備を進めていたのです。

それを知った久光は、同月23日、家臣の奈良原喜八郎《ならはらきはちろう》らを寺田屋に送り込み、説得にあたらせました。しかし有馬らは応じず、薩摩藩士同士の斬《き》り合いに発展。結果、集結していた尊攘派志士約30人のうち、6人が死去、2人が自刃《じじん》。残党は投降しました。

久光は喜八郎らに、尊攘派志士が説得に応じない場合には、粛正《しゅくせい》を許可しました。「国父」の厳しい判断で、薩摩藩の藩論は公武合体に統一されました。

尊攘派の暴発を防いだ久光は功績を評価され、朝廷から京都の警護を任せられます。さらに朝廷は同年6月、久光を護衛につけ、勅使《ちょくし》の大原重徳《おおはらしげとみ》を江戸に派遣《はけん》。将軍・家定《いえさだ》の上洛と、幕政改革を迫《せま》りました。

江戸へ向かう際、久光は藩兵を伴《ともな》っていました。本来、大名が藩兵を率いて政治的な行動を起こすことや、朝廷や公家と接近することは厳しく禁じられています。ですが幕政改革を求める久光は、慣例を無視して薩摩から京都、さらには江戸に東上することで、幕府に政治的・軍事的な圧力をかけたのです。

開府以来、三百諸侯《さんびゃくしょこう》の頂点に立ち続けた徳川幕府。その幕府が外様大名に侮《あなど》られるという事態は、幕府の弱体化を象徴《しょうちょう》する出来事でした。

このときの久光の狙《ねら》いには、将軍継嗣《けいし》問題で井伊直弼と対立し、蟄居《ちっきょ》を命じられていた徳川慶喜《よしのぶ》と、松平慶永《よしなが》の復権がありました。

その要求に対して幕府は難色を示しましたが、朝廷の圧力もあり最終的には応じざるを得ませんでした。尊王攘夷運動が異様な高まりをみせるなかで、勅命を拒絶《きょぜつ》することは不可能だったのです。そうして慶喜は将軍後見職に、慶永は隠居《いんきょ》のまま政界復

文久の改革

政策	人事改革	政事総裁職　越前前藩主　松平慶永 将軍後見職　一橋家　徳川慶喜 京都守護職　会津藩主　松平容保
政策	制度改革	**参勤交代制の緩和** 隔年→3年に1度 人質として江戸に置かれていた大名の妻子の帰国を許可
政策	制度改革	**西洋式軍制の採用** 洋式陸軍の設置（歩兵、騎兵、砲兵の設置、オランダ式導入） オランダへ留学生を派遣して軍の知識や技術を学ばせる
政策	教育改革	**学問所奉行の設置** 蕃書調所を洋書調所と改め、洋学研究を推進 オランダへ留学生を派遣して医学などの知識を学ばせる

帰して、政事総裁職《せいじそうさいしょく》に就任します。朝廷が要求した幕政改革は、2人の主導のもとに行われました。

その「文久の改革」では、参勤交代を隔年《かくねん》から3年ごとに改められ、大名妻子の帰国が許されました。また翌年、勝海舟《かつかいしゅう》の構想により、神戸に海軍操練所（兵庫県神戸市中央区）が建設され、幕臣のほか、薩摩、土佐《とさ》その他諸藩士が多く集まり、西洋の知識と技術を学びました。加えて幕府は、直属の歩兵・騎兵《きへい》・砲兵《ほうへい》の3兵を創出し、オランダ式装備の導入をはかり、アメリカやオランダに艦船《かんせん》を発注。オランダに留学生を派遣するなど、欧米《おうべい》の知識や技術の摂取《せっしゅ》にも努めています。

さらには同年、幕府は京都守護職（京都所司代、大坂城代、畿内近国大名の指揮）を設置して、同職に松平容保《まつだいらかたもり》（会津《あいづ》藩主）を任命しました。朝廷の命を受けて幕府人事が行われたのは、初めてのことです。公武合体の急先鋒《きゅうせんぽう》・久光が江戸に去った京都では、尊攘派志士が息を吹《ふ》き返していました。彼らは「天誅《てんちゅう》」と称《しょう》する要人暗殺を繰《く》り返しており、京都所司代だけでは治安の維持《いじ》が難しくなっていたのです。

薩摩藩、攘夷の困難を知る　―薩英戦争―

1862年（文久2年）8月21日、改革の発進を見届けた島津久光《しまづひさみつ》は、江戸から薩摩への帰路につきました。

事件はその途中《とちゅう》、一行が東海道・横浜《よこはま》近くの生麦村《なまむぎむら》（神奈川県横浜市鶴見区）に差し掛《か》かった際に発生しました。

久光を護衛する薩摩藩士が、イギリス人4名を殺傷したのです。馬に騎乗《きじょう》していたイギリス人らが下馬せず、行列を乱したからでした。

これにより相手側は商人のリチャードソンが死亡、そのほか2名が重傷。

この「生麦事件」が発端《ほったん》となり、薩摩藩はイギリスとの開戦に至ります。

イギリスは薩摩藩に2万5000ポンドを要求しましたが、同藩は支払いを拒否《きょひ》したのです。そうなれば衝突は避けられません。

同年7月2日の早朝、イギリス艦隊が鹿児島湾（鹿児島県）に侵入《しんにゅう》し、薩摩藩船3隻《せき》を拿捕《だほ》。同藩は砲台《ほうだい》より先制攻撃《こうげき》を行い、交戦となりました。

イギリス艦《かん》は射程距離《きょり》の長いアームストロング砲《ほう》を駆使《くし》し、薩摩藩を圧倒《あっとう》。同藩はイギリス艦隊《かんたい》の強力な軍事力を痛感して降伏《こうふく》、戦いは3日という短期間で終結します。

薩摩藩は城下町の1割を焼失するなど、甚大《じんだい》な損害を受けました。イギリスも旗艦《きかん》の艦長《かんちょう》など十数人が戦死、50人以上が負傷するなど、彼らにとっても苦戦を強いられた3日間でした。

とはいえ艦隊の無差別攻撃により、日本側の市民に多くの犠牲者《ぎせいしゃ》が出たことは、人道的な観点から、イギリス議会を紛糾《ふんきゅう》させる事態に発展しました。

薩英戦争の相関図

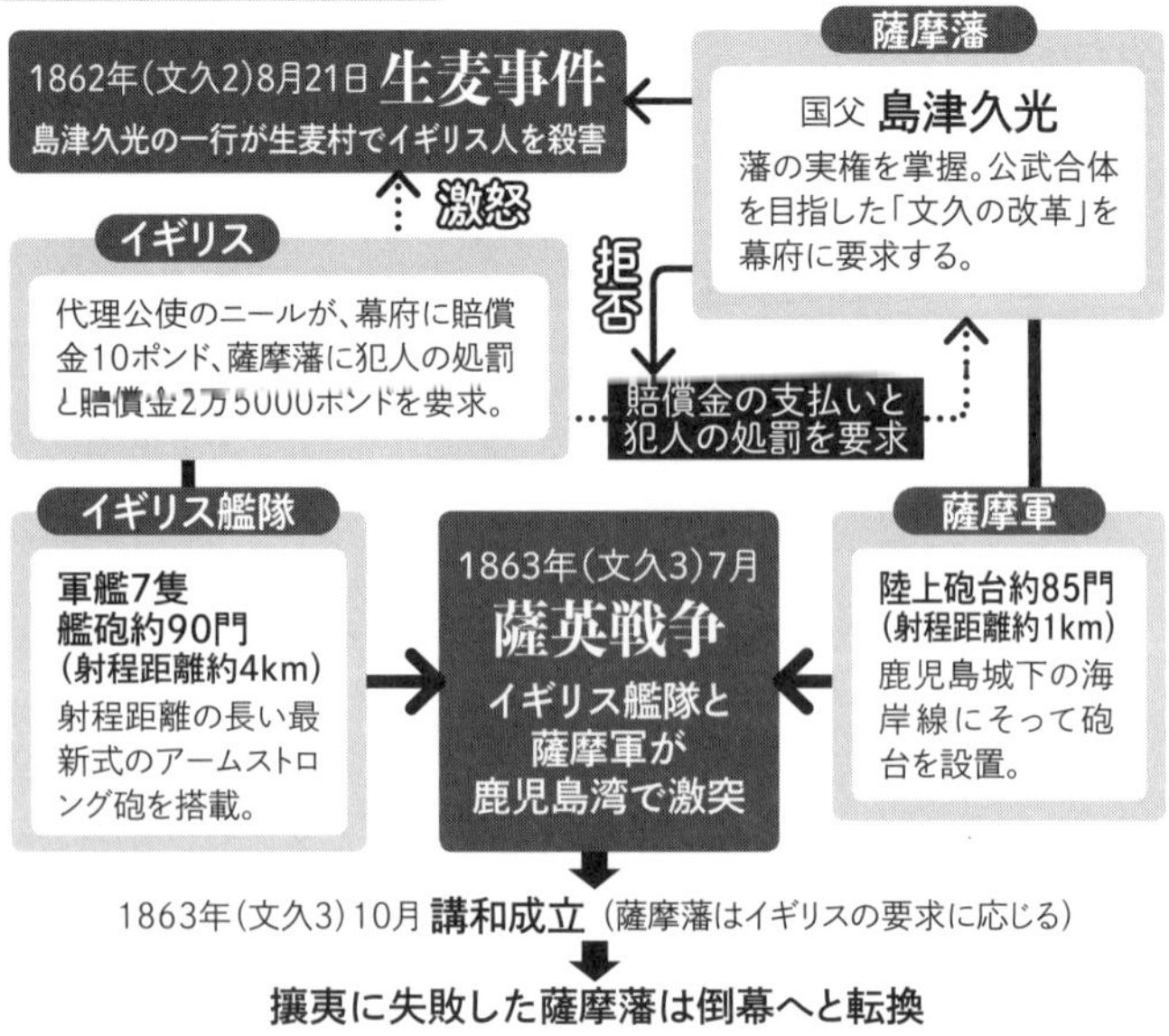

1862年(文久2)8月21日 生麦事件
島津久光の一行が生麦村でイギリス人を殺害
薩摩藩
国父 島津久光
藩の実権を掌握。公武合体を目指した「文久の改革」を幕府に要求する。
激怒
拒否
イギリス
代理公使のニールが、幕府に賠償金10ポンド、薩摩藩に犯人の処罰と賠償金2万5000ポンドを要求。
賠償金の支払いと犯人の処罰を要求
イギリス艦隊
軍艦7隻
艦砲約90門
(射程距離約4km)
射程距離の長い最新式のアームストロング砲を搭載。
1863年(文久3)7月
薩英戦争
イギリス艦隊と薩摩軍が鹿児島湾で激突
薩摩軍
陸上砲台約85門
(射程距離約1km)
鹿児島城下の海岸線にそって砲台を設置。
1863年(文久3)10月 講和成立 (薩摩藩はイギリスの要求に応じる)
攘夷に失敗した薩摩藩は倒幕へと転換

英米のタイムズ紙に非難記事が載《の》るなどして、否定的な世論が形成されたのです。これによりイギリスは日本、特に薩摩藩との対決姿勢を改めるようになっていきます。

9月末、幕府の斡旋《あっせん》により、横浜で薩英の、会談が行われました。結果、10月には講和が成立。薩摩藩は賠償金《ばいしょうきん》の支払《しはら》いと生麦事件の犯人の処罰《しょばつ》に応じることとなりました。

この会談を境に薩摩藩とイギリスの両者は親密な関係となり、同藩は西洋式軍備導入などの面でイギリスの助力を得るようになります。

また、攘夷の困難を思い知った薩摩藩は、次述の「八月十八日の政変」などの後、やがて倒幕《とうばく》へと藩論を転換《てんかん》させていきます。

長州藩、京より追放 ―八月十八日の政変―

薩英戦争から約1年後、1863年（文久3年）の8月13日、朝廷は「大和行幸」を布告しました。大和行幸とは、天皇が大和国（現在の奈良県）に赴《おもむ》き（行幸）、同地にある神武天皇陵《じんむてんのうりょう》を参拝し、攘夷を決行し、朝廷に主権を取り戻《もど》すという計画です。

依然《いぜん》として尊王攘夷運動の活発な京都では、朝廷でも三条実美《さんじょうさねとみ》ら尊攘派の公卿《くぎょう》が台頭していました。彼らは公武合体を推進した岩倉具視を追放すると、同じ尊攘派の長州藩（山口県萩市）と手を組んで、倒幕のために大和行幸を画策。工作活動の末に、勅許《ちょっきょ》を得ました。

このような京都における尊攘論の異様な高まりに、当人の孝明天皇をはじめ、公武合体派の公家や諸大名は危機感を抱《いだ》きます。とくに薩英戦争により攘夷の難しさを知った薩摩藩は、彼らの動きを警戒《けいかい》し、京都守護職・松平容保の会津藩（福島県会津若松市）や、反尊攘派の公卿らと協力して、打開策を講じました。

そのころ、世界では？

1856年ボリショイ劇場が完成

1776年に設立された「ボリショイ劇場」は、ロシア音楽文化の発展において中心的役割を果たす国立劇場として、バレエ団・オペラ・管弦《かんげん》楽団・付属学校を擁《よう》する組織です。現在モスクワにある「ボリショイ劇場」の建物は、1856年に完成しました。

8月18日の未明、御所《ごしょ》を警備する会津・薩摩の藩兵は、御所の9門を閉ざして公武合体派の公卿のみを通し、尊攘派公卿の参内（朝廷への出勤）を阻止《そし》。朝廷では公武合体派のみによる会議が行われ、孝明天皇は過激な攘夷を望まないと公言しました。結果、長州藩は御所警備の任務から閉め出され、事実上、京都を追放されました。尊攘派の公卿・三条実美ら7名も、翌未明に西国へ下向（七卿落《しちきょうお》ち）。残党の尊攘派志士も多くが京都を脱出《だつしゅつ》し、尊攘派は一気に勢力を失いました。こののち京都では、公武合体派が主導権を握《にぎ》ることになるのです。

新選組、表舞台《おもてぶたい》へ ―池田屋事件―

時は少々遡《さかのぼ》り、「八月十八日の政変」の、約5ヶ月前の出来事です。

1863年（文久3年）3月4日、第14代将軍・徳川家茂が、3000人以上の兵を伴《ともな》って上洛し、二条城（京都府京都市）へ入りました。第3代将軍・徳川家光が、1634年（寛永《かんえい》11年）に行って以来、229年ぶりの将軍上洛です。

この上洛は、公武合体策の一環《いっかん》でした。

幕府側には、京都における尊王攘夷運動の異様な高まりを封《ふう》じる目的があり、朝廷側には、攘夷の期日を幕府に求める狙《ねら》いがありました。京都では、幕府と朝廷の間で今にも戦争が勃発《ぼっぱつ》するのでは、と不穏《ふおん》な空気が漂《ただよ》ったそうです。江戸に残った幕閣は、まだ年若い家茂が尊攘派に押《お》し切られ、攘夷の勅命を受けてしまっては一大事だと懸念《けねん》しました。

その通り、京都の尊攘派には、家茂の上洛を利用しようとする動きが

ありました。彼らは朝廷の同調者に働きかけ、石清水八幡宮《いわしみずはちまんぐう》（京都府八幡市）への行幸を計画。神前で孝明天皇から将軍に儀式《ぎしき》用の刀剣《とうけん》を授けさせ、攘夷を社会に示そうとしたのです。

しかしこの動きを察した家茂は、行幸を急病で欠席し、名代の将軍後見職・徳川慶喜も直前に欠席を伝達。尊攘派側の企《たくら》みを防ぎました。

しかし、家茂は、石清水行幸よりも先に行われた下鴨《しもがも》神社・上賀茂《かみがも》神社（京都府京都市）への行幸の際、孝明天皇の供として同行し、すでにこのときの随従《ずいじゅう》が、将軍権威《けんい》の弱体化を世に示す結果となっていました。尊攘派を抑制《よくせい》する幕府の計画は、失敗に終わったのです。江戸へ戻《もど》るまでの間、攘夷派公卿の圧力に屈《くっ》した慶喜は、結局は5月10日までの攘夷決行を、将軍の名で約束してしまいました。

ところでこのとき家茂の去った京都には、将軍上洛の護衛隊として結成され、江戸から来ていた「浪士組《ろうしぐみ》」の一部が、残留しました。

浪士組から分派した、近藤勇《こんどういさみ》ら24名の集団です。

浪士組の結成を許可した際、幕府にはある意図がありました。地域・身分・家柄《いえがら》にとらわれず、世に不満を持つ浪士から志願者をつのって家茂上洛時の警護隊を組織し、ひいては京都の治安を維持するというものです。そうして集結した剣士《けんし》たちは多くが平民でした。彼らは、家茂に先んじて江戸を出立。入京して壬生村《みぶ》（京都府京都市中京区）に到着《とうちゃく》しました。

ところがそこで、幕府に浪士組結成を提言した発起人の清河八郎《きよかわはちろう》が、過激な尊王攘夷を唱えたのです。清河は、入京の目的は将軍の護衛ではなく、御所へ攘夷の意を示すことだと主張しました。つまり幕府との関係を捨ててでも、天皇に忠義を尽《つ》くすという表明です。彼ははじめからそのつもりで、浪士組結成を画策していました。

これに反発したのが近藤勇ら24名でした。浪士募集《ぼしゅう》の目的は、あくまで将軍の上洛警護であるとして、彼らは清河と対立したのです。

この騒《さわ》ぎを知った幕府は、慌《あわ》てて浪士組に江戸への帰還《きかん》を命令。

これを受けて、清河を支持する多数派は攘夷決行を目指して帰参し、警護の任務を続けるべきとする近藤勇ら少数派は将軍のために京都に残留したのです。

1863年（文久3年）3月15日、近藤ら残留組は、京都守護職を担う会津藩の管轄《かんかつ》組織になりました。その後は「壬生浪士組」として、家茂が江戸へ戻《もど》ったあとも、市中警備に励《はげ》みました。

壬生浪士組の中心メンバーは、市谷柳町（東京都新宿区）の天然理心流道場、試衛館《しえいかん》に出入りする剣士《けんし》たちでした。

近藤勇は、武蔵国多摩郡上石原村（東京都調布市）の百姓《ひゃくしょう》の三男。試衛館の養子となり、跡《あと》を継《つ》いだ人物です。土方歳三《ひじかたとしぞう》は、武蔵国多摩郡石田村（同日野市）の豪農《ごうのう》の四男で、薬売りをしていました。

また、彼ら多摩地域の出身者に加

新選組24人

試衛館一派	
近藤勇	武蔵・新選組局長
土方歳三	武蔵・新選組副長
山南敬助	仙台浪人
沖田総司	白河藩脱藩
永倉新八	松前藩脱藩
井上源三郎	武蔵
原田左之助	伊予松山藩
藤堂平助	江戸
斎藤一	武蔵

殿内・家里／根岸一派	
殿内義雄	下総
家里次郎	伊勢
根岸友山	武蔵
遠藤丈庵	武蔵
清水吾一	武蔵
鈴木長蔵	仙台藩浪人
神代仁之助	水戸藩浪人
粕谷新五郎	水戸藩
阿比留鋭三郎	対馬藩

芹沢一派	
芹沢鴨	水戸脱藩浪士・壬生浪士筆頭局長
新見錦	水戸藩・壬生浪士局長
平山五郎	姫路浪人
平間重助	水戸脱藩浪士
野口健司	水戸藩
佐伯又三郎	長州

えて、江戸に居住する関係者もいました。

陸奥《むつ》国白河《しらかわ》藩（福島県白河市）藩士の長男、沖田《おきた》総司《そうじ》。松前《まつまえ》藩（北海道松前郡）・江戸定府取次役（連絡係）の子息、永倉新八《ながくらしんぱち》。伊勢《いせ》国津《つ》藩（三重県津市）藩主の落胤《らくいん》ともいわれる藤堂平助《とうどうへいすけ》。陸奥国仙台（宮城県仙台市）の剣術《けんじゅつ》指南を父に持つ、山南敬助《やまなみけいすけ》。伊予《いよ》国松山藩（愛媛県松山市）の中間《ちゅうげん》の子、原田左之助《はらださのすけ》。

いずれも藩士や浪人で、江戸へ出て試衛館や近藤勇と関わるようになった者たちです。そのほか壬生浪士組には、水戸浪人の芹沢鴨《せりざわかも》や、下総《しもうさ》浪士の殿内義雄《とのうちよしお》がおり、それぞれの派閥《はばつ》をつくっていました（殿内らはのちに離脱）。

会津藩の管轄《かんかつ》下に入った彼らは、「八月十八日の政変」で南門を守衛。その実績を認められ、「新選組」の名を与《あた》えられました。

その後、新選組の局長となった近藤と副長の土方は、粗暴《そぼう》な振《ふ》る舞《ま》いの多い筆頭局長・芹沢鴨を粛正《しゅくせい》するなどして、組織内の実権を掌握《しょうあく》。新選組は、厳格な規律のもとに京都市中の警備にあたり、尊攘激派を厳しく弾圧《だんあつ》していきました。

そんな新選組を一躍《いちやく》有名にしたのが「池田屋事件」です。

1864年（元治元年）、京都の尊攘激派志士らは勢力回復のための計画を考案しました。中心となったのは、「八月十八日の政変」で打撃《だげき》を受けた長州藩（山口県萩市）の志士たち。その計画は、風の強い日を選んで御所へ放火、参内する京都守護職・松平容保ら公武合体派の要人を殺害。さらには、孝明天皇を長州藩に連れ去ろうというものでした。

察知した新選組は内偵《ないてい》を進め、枡屋《ますや》喜右衛門《きえもん》という不審《ふしん》な薪炭《しんたん》商人を突《つ》き止めました。彼は妻や下男・下女もなく商売もしていないのにそれなりの暮

池田屋事件の相関図

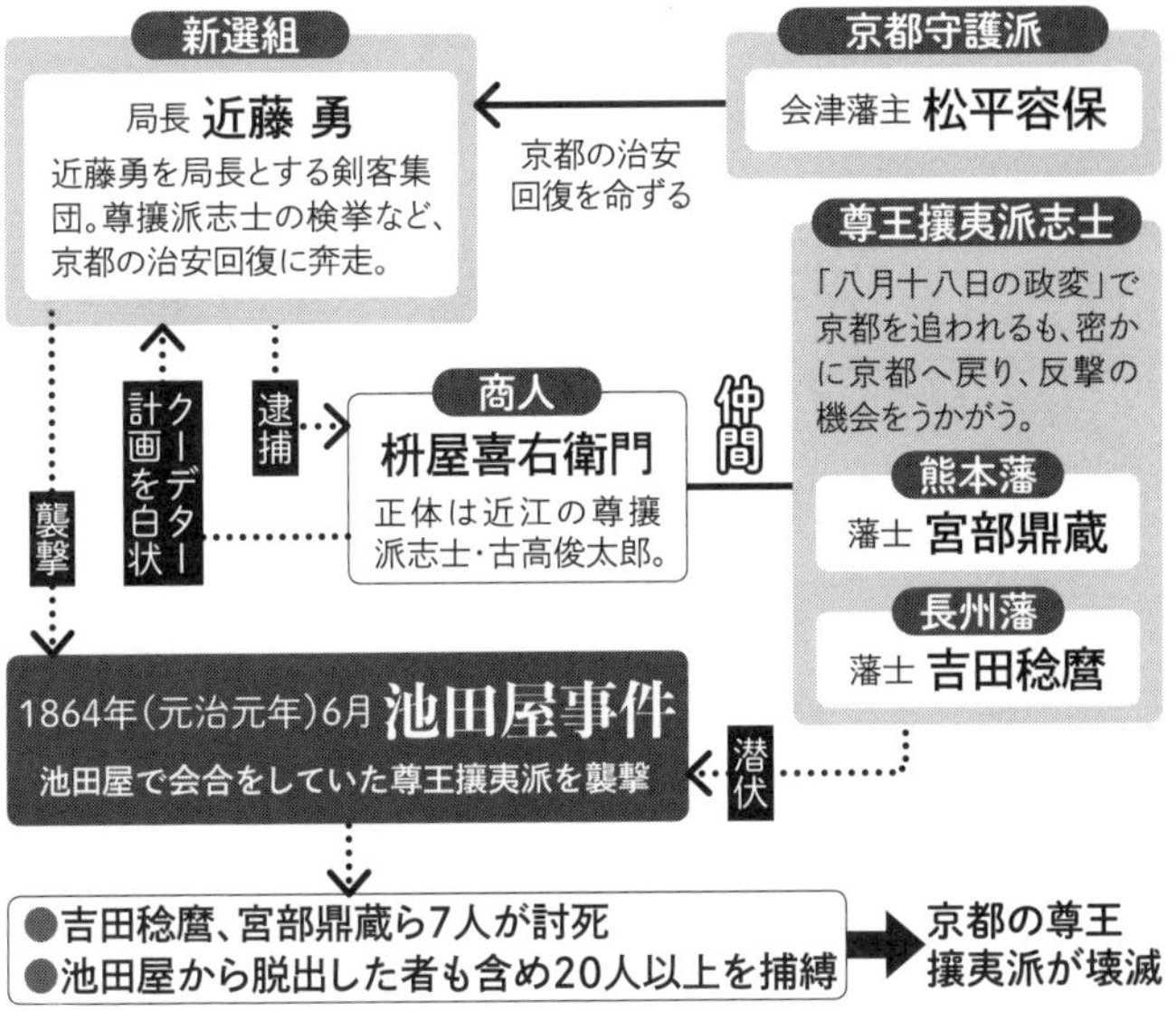

新選組
局長 近藤 勇
近藤勇を局長とする剣客集団。尊攘派志士の検挙など、京都の治安回復に奔走。
京都守護派
会津藩主 松平容保
京都の治安回復を命ずる
尊王攘夷派志士
「八月十八日の政変」で京都を追われるも、密かに京都へ戻り、反撃の機会をうかがう。
熊本藩
藩士 宮部鼎蔵
長州藩
藩士 吉田稔麿
仲間
商人
枡屋喜右衛門
正体は近江の尊攘派志士・古高俊太郎。
逮捕
クーデター計画を白状
襲撃
潜伏
1864年（元治元年）6月 池田屋事件
池田屋で会合をしていた尊王攘夷派を襲撃
●吉田稔麿、宮部鼎蔵ら7人が討死
●池田屋から脱出した者も含め20人以上を捕縛
京都の尊王攘夷派が壊滅

らしぶりで、家も広く、新選組は不信に思ったのです。

近藤は、隊士らに命じて喜右衛門を捕縛《ほばく》し、同時に武器、弾薬《だんやく》、さらには密書などを発見しました。また拷問《ごうもん》の結果、喜右衛門が近江《おうみ》（現在の滋賀県）出身の尊攘派志士・古高俊太郎《ふるたかしゅんたろう》であると判明、加えて市中には、指示を待つ尊攘派志士が多数潜伏《せんぷく》していることも分かりました。

同年6月5日、俊太郎の捕縛《ほばく》を知った尊攘派の志士たちは、今後の策を練るために、三条小橋《さんじょうこばし》（京都府京都市）の旅館、池田屋に集結しました。

一方、俊太郎の自白により計画の詳細《しょうさい》を知った新選組局長・近藤勇は、会津藩本陣《ほんじん》に報せると、自ら隊を率いて市中を捜索《そうさく》。やがて池田屋に集まっているのを確信し、沖田総司、永倉新八、藤堂平助らを連れて池

そのころ、世界では？

1858年ムガル帝国《ていこく》が滅亡《めつぼう》

1857年、イギリス東インド会社のインド人傭兵《ようへい》（セポイ）部隊の反乱を発端《ほったん》に、ムガル帝国（インド）で植民地支配に対する民族的大反乱が勃発《ぼっぱつ》しました。これを鎮圧《ちんあつ》したイギリスは、ムガル皇帝《こうてい》バハードゥル・シャー２世を追放、帝国は滅《ほろ》びました。

田屋へ突入《とつにゅう》しました。

2階には、志士ら20人余り。斬り合いがはじまりました。藤堂が重傷を負うなど苦戦しましたが、やがて土方隊が到着《とうちゃく》。宮部《みやべ》鼎蔵《ていぞう》ら志士7人が討死、もしくは自刃《じじん》して、そのほか23人の捕縛《ほばく》に成功。こうして新選組の名は、京都市中に広く知られることとなりました。

column 4

近世日本の権力構造

外国人から見た、日本の権力構造の移り変わり

江戸時代以前から続く「武士の時代」は、明治維新《いしん》で終焉《しゅうえん》したといわれます。しかし本当に「武士の時代」は、維新の瞬間《しゅんかん》まで持続し、そこではじめて終焉を迎《むか》えたのでしょうか？　日本の権力構造に対する、来日外国人の興味深い分析《ぶんせき》を見てみましょう。

1779年（安永8年）に来日したオランダ商館長ティチングは、「内裏の影響力《えいきょうりょく》は無に等しく、したがって主権は、実際には将軍家に委ねられている」（『日本風俗《ふうぞく》図誌』）と、天皇に政治的な実権がないことを述べ、確かに日本の「武士の時代」を描写《びょうしゃ》しています。

しかし、1853年（嘉永6年）に来日したロシア人ゴンチャロフは、「老中は将軍なしでは何事もできないし、将軍も老中なしでは何事もできないし、将軍も老中も諸侯《しょこう》に諮《はか》らなければならない」（『日本渡航《とこう》記』）と、

幕末の権力構造図

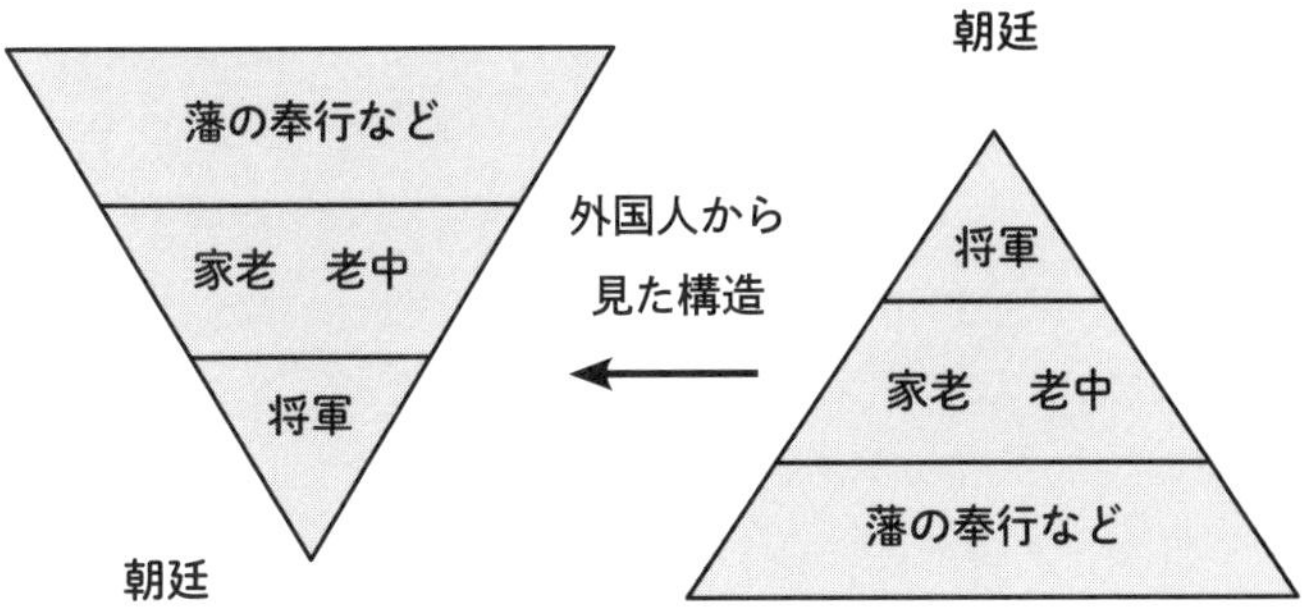

幕末は、実際の外交や実務において権力構造が逆転し、
藩の奉行・役人などが実権を握っていた。

将軍や老中らの権力が制限されていることを記しています。その諸侯、つまり大名については、イギリス公使パークス（1865年来日）の下で活動した、イギリス海軍軍医将校のディキンズが、「大名というものは名目上の存在にすぎず、実権は家老の手中にあった。家老の多くは世襲制《せしゅうせい》で、主君と同じく、ほとんど無力であった」（『パークス伝』）と、その権限が限られていたことを述べています。

当時、実権を握《にぎ》っていたのは、藩の奉行《ぶぎょう》・役人など中下級官僚《かんりょう》だったのです。江戸時代を通じて「武士」は戦闘《せんとう》者から官僚になったといえるでしょう。近世日本は「官僚の時代」とよぶ方が相応しいかもしれません。

御所への発砲《はっぽう》 ―禁門の変・第1次長州戦争―

池田屋事件、そして先の「八月十八日の政変」により、長州藩主・毛利敬親《もうりたかちか》と次期藩主の定広《さだひろ》は、京都への立ち入りを禁じられました。

これに憤怒《ふんぬ》した長州藩の尊攘激派は、1864年（元治元年）6月、藩主父子の復権を目指して、京都への進撃《しんげき》を計画。

しかし同藩尊攘派の代表格になっていた高杉晋作《たかすぎしんさく》、また京都の情勢に詳《くわ》しい桂小五郎《かつらこごろう》は、この計画に反対しました。

幕末維新期《いしんき》の戦略家として知られる桂小五郎は、後に名を木戸孝允《きどたかよし》と改め、新政府の総裁局顧問《こもん》にまでのぼりつめる人物です。萩《はぎ》（山口県萩市）の藩医の家に生まれた彼は、高杉らと同じ吉田松陰《よしだしょういん》の門下生。剣術修行《けんじゅつ》で江戸に向かうと、剣のみならず砲術《ほうじゅつ》や造船術も学びました。

彼はその優れた見識や人脈の広さから、やがて藩内で地位を確立。尊攘活動に奔走《ほんそう》しました。「八月十八日の政変」と「池田屋事件」で敗北を重ね、逃亡《とうぼう》を続けたことで

「逃《に》げの小五郎」と揶揄《やゆ》されましたが、実はかなりの剣豪《けんごう》で、江戸を代表する剣術道場の練兵館では、神道無念流剣術の免許皆伝《めんきょかいでん》を得るほどでした。

その桂と高杉晋作は、激派進撃の阻《そ》止《し》を試みましたが、計画は断行されてしまいます。

高杉と同じ松下村塾《しょうかそんじゅく》出身の久坂玄瑞《くさかげんずい》も、当初は藩主復権の嘆願書《たんがんしょ》を朝廷に渡《わた》すだけに留めるべきであると、京都進撃計画には反対でした。しかしながら、遊撃隊《ゆうげきたい》指揮官の来島又兵衛《きじままたべえ》、久留米水天宮（福岡県久留米市）の神官・真木和泉らに説得されて参加を決意。

禁門の変の相関図

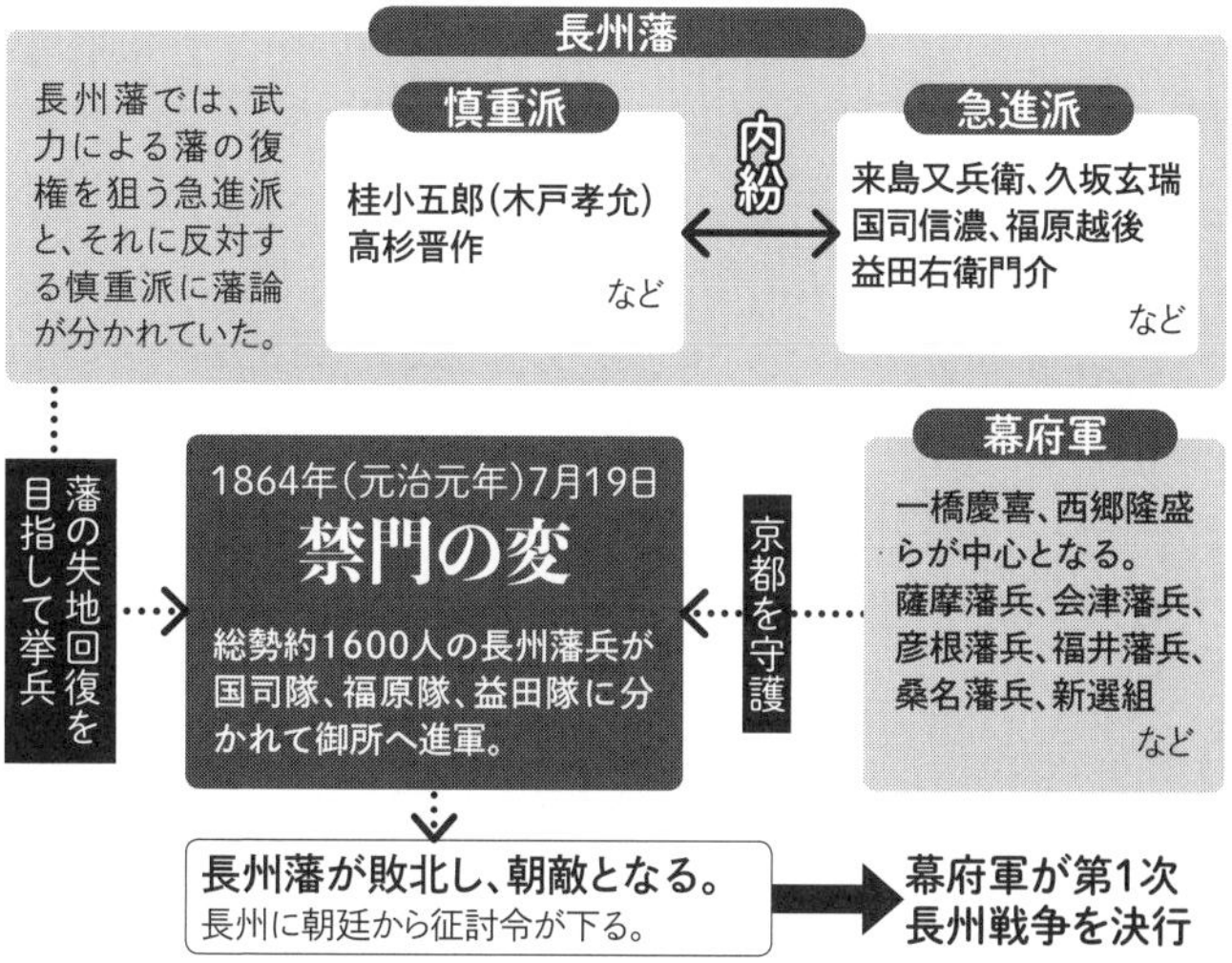

長州藩
長州藩では、武力による藩の復権を狙う急進派と、それに反対する慎重派に藩論が分かれていた。
慎重派
桂小五郎（木戸孝允）
高杉晋作
など
内紛
急進派
来島又兵衛、久坂玄瑞
国司信濃、福原越後
益田右衛門介
など
藩の失地回復を目指して挙兵
1864年（元治元年）7月19日
禁門の変
総勢約1600人の長州藩兵が国司隊、福原隊、益田隊に分かれて御所へ進軍。
京都を守護
幕府軍
一橋慶喜、西郷隆盛らが中心となる。
薩摩藩兵、会津藩兵、彦根藩兵、福井藩兵、桑名藩兵、新選組
など
長州藩が敗北し、朝敵となる。
長州に朝廷から征討令が下る。
幕府軍が第1次長州戦争を決行

1864年（元治元年）7月19日早朝、御所の周辺で長州軍と幕府方諸藩が衝突《しょうとつ》し、戦闘《せんとう》が始まりました。

この争いは、御所の門、禁裏の門という意味の「禁門」の、特に蛤御門《はまぐりごもん》の付近で激戦が繰《く》り広げられたことから、「禁門の変」、「蛤御門の変」とよばれます。

長州軍は一時優勢になりましたが、蛤御門に薩摩藩の援軍《えんぐん》が駆《か》けつけると、1万人以上もの兵力で幕府軍が勝利を得ました。

長州軍は敗走。来島又兵衛、久坂玄瑞、真木和泉が自刃《じじん》しました。

禁門の変による戦火は翌日も燃え広がり、公家屋《や》敷《しき》・武家屋敷・社寺を含《ふく》む市街地のほぼ半分が焼ける事態となりました。

7月23日、長州軍が戦闘で、御所に向けて発砲した

そのころ、世界では？

1859年ダーウィンが『種の起源』を発表

イギリスの博物学者ダーウィンが、著書『種の起源』で、進化のしくみとして自然選択《せんたく》説を唱えました。種の進化は自然淘汰《とうた》によるというその理論は、各界に衝撃《しょうげき》を与《あた》え、キリスト教関係者から強い反発を受けました。

ことから、孝明天皇は、同藩に追討令を発布。この日から長州藩《はん》は朝敵となりました。翌24日、将軍の家茂は、長州藩征討《せいとう》を諸藩に下命。35藩15万の軍隊が、広島に集結し、「第1次長州戦争」を開戦しました。これほどの大軍が動員されたのは、江戸開府以来はじめてのことです。大坂の陣《じん》からすると、約2世紀半ぶりの「大合戦」でした。

しかしながら長州藩は、この第1次長州戦争を、戦わずして降伏《こうふく》します。藩内の内紛《ないふん》や、後述の下関戦争が同時期に発生したことで、戦力が著しく低下したためでした。

長州藩、攘夷の不可能を悟《さと》る ―下関戦争―

第1次長州戦争が開戦したさなか、1864年（元治元年）の8月5日、イギリスを中心とする、フランス、オランダ、アメリカの4カ国艦隊17隻が、瀬戸内海《せとないかい》の西口にあたる下関海峡《かいきょう》（下関市と北九州市門司区との間の海峡）で、砲撃《ほうげき》を開始しました。

この突然《とつぜん》の攻撃《こうげき》は、4カ国による長州藩への報復でした。

話は前年、1863年に遡《さかのぼ》ります。

将軍・家茂の上洛に際し、将軍後見職である徳川慶喜は、尊攘派公家から圧力を受けて、「同年5月10日までの攘夷決行」を決定しました。幕府は結局、具体的な行動を起こしませんでしたが、攘夷決行の期限当日、長州藩内の尊王攘夷派は、「幕府の決定」という名目のもと、過激な行動を取りました。

当時、浪士約50名と「光明寺党」を結成していた久坂玄瑞が、下関海峡を通過するアメリカ商船ペンブローク号を砲撃したのです。

光明寺党はその後、フランス軍艦キェンシャン号、オランダ軍艦メデューサ号など、下関海峡を通過する外国船を次々に攻撃し、気勢をあげました（下関砲撃事件）。

翌64年5月、横浜鎖港の談判でフランスを訪れた池田長発《いけだながおき》ら使節団は、開国に転じ交渉を断念しましたが、下関海峡での安全航行保障などを取り決めた「パリ約定」を結び帰国しました。しかし幕府は長州藩を追い込もうとしてか、この文書に調印しませんでした。

そのためアメリカ、フランス、オランダにイギリスを加えた4カ国の駐日《ちゅうにち》外交団は、同調して強硬《きょうこう》手段を取り、1864年の4カ国艦隊による報復に至ったのです。

4カ国艦隊は軍艦17隻に加えて、艦《かん》砲《ぽう》約290門、兵力約5000人。対する長州軍は大砲約100門、兵力約2000人。

禁門の変で幕府に敗れた直後だったため、藩の戦力は艦隊に対抗《たいこう》できるものではありませんでした。

イギリスのクーパーを総司令官とする艦隊の兵士は、上陸すると長州藩の前田砲台（山口県下関市）を占拠《せんきょ》しました。翌日以降も下関沿岸の砲台を

下関戦争の相関図

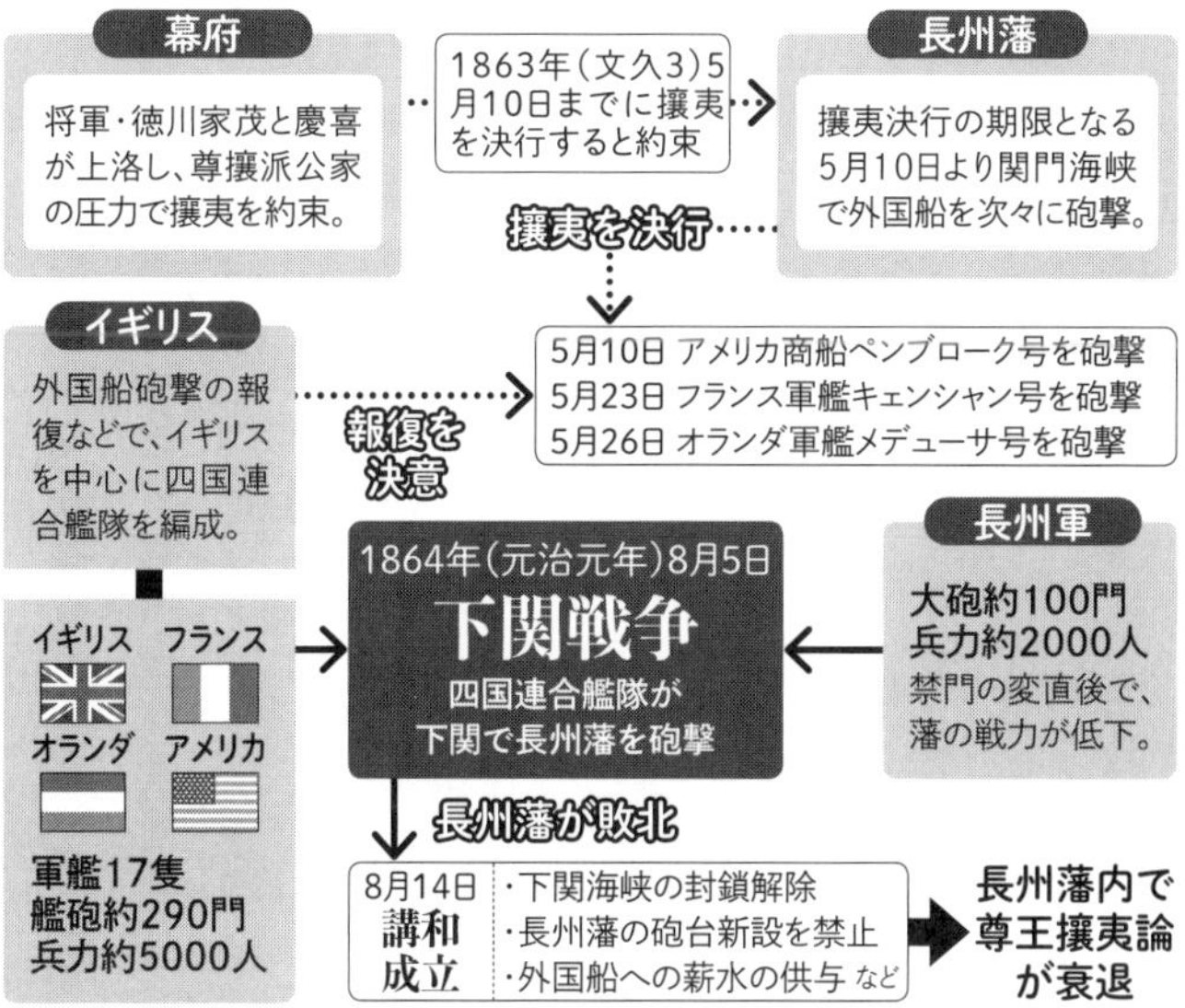

幕府
将軍・徳川家茂と慶喜が上洛し、尊攘派公家の圧力で攘夷を約束。
1863年（文久3）5月10日までに攘夷を決行すると約束
長州藩
攘夷決行の期限となる5月10日より関門海峡で外国船を次々に砲撃。
攘夷を決行
5月10日 アメリカ商船ペンブローク号を砲撃
5月23日 フランス軍艦キェンシャン号を砲撃
5月26日 オランダ軍艦メデューサ号を砲撃
イギリス
外国船砲撃の報復などで、イギリスを中心に四国連合艦隊を編成。
報復を決意
イギリス
フランス
オランダ
アメリカ
軍艦17隻
艦砲約290門
兵力約5000人
1864年（元治元年）8月5日
下関戦争
四国連合艦隊が下関で長州藩を砲撃
長州軍
大砲約100門
兵力約2000人
禁門の変直後で、藩の戦力が低下。
長州藩が敗北
8月14日 講和成立
・下関海峡の封鎖解除
・長州藩の砲台新設を禁止
・外国船への薪水の供与 など
長州藩内で尊王攘夷論が衰退

次々と破壊《はかい》、占拠を続行。

そうして4カ国艦隊は、たった3日間の戦闘で、長州軍を壊滅《かいめつ》させました。

このとき戦後処理にあたったのは、高杉晋作です。

高杉は禁門の変の前、京都への進撃《しんげき》を図る来島又兵衛らを止めるため、無断で京都に向かったことを脱藩《だっぱん》行為《こうい》と見なされ、投獄《とうごく》・謹慎《きんしん》処分を受けていました。

しかし艦隊との交渉《こうしょう》のためにその謹慎を解かれ、彼は藩の代表として講和条約を結びました。条約の内容としては「下関海峡の封鎖《ふうさ》解除」「長州藩の砲台新設の禁止」「外国船への薪水《しんすい》の提供」などがあげられます。

この「下関戦争」を終えた長州藩は、欧米《おうべい》諸国の圧《あつ》倒《とう》的な軍事力を前に、攘夷の不可能を悟《さと》りました。

そのころ、世界では？

1861年清の西太后《せいたいこう》が政権を掌握《しょうあく》

清（中国）の第９代皇帝《こうてい》・咸豊帝《かんぽうてい》が没《ぼつ》すると、その妃《きさき》だった西太后は、子の同治帝《どうちてい》の摂政《せつしょう》として、垂簾《すいれん》聴政《ちょうせい》（幼帝《ようてい》に代わって御簾《みす》の裏で政治を執《と》ること）を行いました。西太后は宮廷《きゅうてい》保守派の中心人物として、政治改革運動（戊戌《ぼじゅつ》の変法）を弾圧しました。

征討軍《せいとう》を差し向けている幕府に対しても、禁門の変を主導した3家老（福原越後《ふくはらえちご》、益田右衛門介《ますだうえもんのすけ》、国司信濃《くにししなの》）の切腹など、要求された諸条件を承諾《しょうだく》。これに納得した幕府は、同年12月、征討軍の引き揚《あ》げを開始します。

以降、長州藩では尊王攘夷論が後退し、幕府に協調する保守派（俗論党《ぞくろんとう》）が台頭しました。

幕末の偉人 ❸

日本の近代化に尽力した商人

トーマス・グラバー

Thomas Glover

1838 〜 1911

日本人の志に同調し、生涯《しょうがい》を日本に捧《ささ》げる

スコットランド出身の商人グラバーは、世界最大級の貿易会社、「ジャーディン・マセソン商会」の社員として、1859年（安政６年）長崎に赴任《ふにん》しました。２年後には独立して、「グラバー商会」を設立。幕府や諸藩《しょはん》の外国製兵器に対する購買欲に商機を見出すと、薩英《さつえい》戦争を経て外国製兵器の威力《いりょく》を知り、その購買ルートを欲していた薩摩藩に接近しました。彼は薩英を仲立ちして関係修復に尽力し、兵器を販売したのです。

グラバーは日本の志士たちと友好関係を築き、新しい国をめざす彼らの志に同調しました。薩長同盟締結の際は、坂本龍馬《さかもとりょうま》の亀山社中《かめやましゃちゅう》に武器を輸入して協力。薩摩・長州両藩士の留学を助け、幕末日本の近代化にも貢献《こうけん》しました。維新《いしん》後は兵器の需要《じゅよう》低下で廃業しましたが、三《みつ》菱商会《びししょうかい》の相談役として炭鉱やビール工場を経営。日本人の妻を娶《めと》り、生涯を日本で過ごしました。

第四章

倒幕の決断

長州の藩論転換《はんろんてんかん》 ―奇兵隊《きへいたい》挙兵事件―

1864年（元治元年）12月15日、幕府の征討《せいとう》軍が長州藩（山口県萩市）から引き揚《あ》げる直前の出来事です。古刹《こさつ》の功山寺《こうざんじ》（山口県下関市）で、長州藩志士の集団が挙兵しました。

主導者は、下関戦争の講和交渉《こうしょう》で、長州側の代表を務めた高杉晋作《たかすぎしんさく》。

目的は、藩内保守派の一掃《いっそう》。

当時、長州藩では「諸隊」と呼ばれる、藩士・平民混合の有志部隊が乱立していました。決起に集結したのは、高杉を中心とした「奇兵隊」と、伊藤博文《いとうひろぶみ》率いる「力士隊」、石川小五郎《いしかわこごろう》率いる「遊撃隊《ゆうげきたい》」、そのほか侠客《きょうかく》、80余名。

長州藩では、高杉らと保守派の対立が、5ヶ月前の「禁門の変」から深刻化していました。保守派は禁門の変を許した藩首脳に反発し、すでに政権を奪取《だつしゅ》しています。高杉の挙兵はつまり、藩政を掌握《しょうあく》する保守派へのクーデターでした。政権奪還《だっかん》の試みです。

4ヶ月前の下関戦争後、攘夷《じょうい》の困難を知った高杉ら尊王攘夷派志士は、倒幕《とうばく》路線を強めました。一方の保守派は、これまで攘夷を推進してきた彼らを厳しく批判。対立する幕府に対しても、恭順《きょうじゅん》と謝罪の意を示すべきだと主張しました。

加えて保守派は、第1次長州戦争の講和交渉《こうしょう》で、幕府に対する謝罪の一環《いっかん》として、高杉の奇兵隊など諸隊に解散を命令。隊員の武器を没収《ぼっしゅう》しました。

高杉は猛《もう》反発しましたが、身の危険を感じて、九州方面、筑前福岡《ちくぜんふくおか》（福岡県福岡市）に亡命しました。

ところで奇兵隊は、このクーデターのために結成されたわけではありません。彼らは前年の下関砲撃《ほうげき》の事件を受

長州藩のおもな諸隊

	結成	定員
奇兵隊	1863年	375人
遊撃隊	1863年	250人
力士隊	1863年	約40人
膺懲隊	1863年	125人
八幡隊	1863年	150人
御楯隊	1864年	150人
南園隊	1864年	150人
鴻城隊	1865年	100人
第二奇兵隊など	1865年	100人

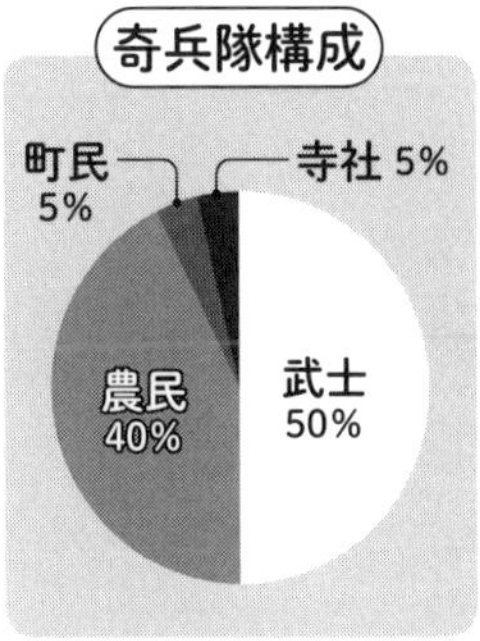
奇兵隊構成
町民 5%
寺社 5%
農民 40%
武士 50%

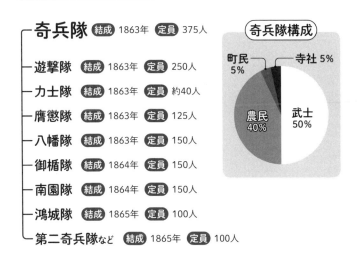

けて、結成された組織でした。

1863年、攘夷の決行として、関門海峡《かいきょう》を通過する外国艦船《かんせん》を砲撃した長州藩《はん》は、翌月すぐに、アメリカとフランスの軍艦《ぐんかん》から1度目の報復を受けています。

その際、多くの藩船を砲撃で沈《しず》められ、砲台も破壊《はかい》されて、藩は壊滅《かいめつ》状態に陥《おちい》りました。それにもかかわらず降伏《こうふく》せず、賠償《ばいしょう》にも応じなかったので、2度目の報復、4カ国艦隊による襲撃《しゅうげき》が行われたのです。奇兵隊は、この1度目の報復の後に結成されました。

アメリカとフランスの軍艦にねじ伏《ふ》せられ、旧来の戦法が何の役にも立たないことを思い知った藩内で緊急《きんきゅう》策が求められ、そこで高杉が新しい軍隊「奇兵隊」の創設を提案したのです。保守派もそれを認めざるを得ない、切迫《せっぱく》した状況《じょうきょう》でした。

奇兵隊という隊名は、「孫子」の「凡《およ》そ戦は正を以て合し、奇《き》を以て勝つ」（兵勢・第5）という言葉に由来したもの。「奇」は、正規軍とは別に組織された軍隊を意味します。

この新設軍は、武器や俸禄《ほうろく》（給料）も受けられる藩公認の組織で、武士のほか、足軽・農民・町民に至るまで、身分・階級・職業を問わず参加が認められました。

高杉は奇兵隊結成の前年、幕府が貿易実態の調査などを目的に送り出した、「千歳丸《ちとせまる》」に乗船し、清の上海に渡航《とこう》しています。彼はそこで、半植民地化しつつある状況を見て、列強諸国の脅威《きょうい》を実感しました。帰国後は久坂ら同志とともに、品川御殿山《ごてんやま》（東京都品川区）に建設中だった、イギリス公使館を全焼させるという暴挙に出ています。外圧に対して、それほどまでに危機感・抵抗感《ていこうかん》を抱《いだ》いていたのです。その高杉の指揮のもと、奇兵隊は外国艦隊の再攻撃に備え、殺気立って軍備を進めました。

しかし結局は彼らも、翌年の4カ国艦隊の襲撃で、攘夷の限界を知ることになります。

この手痛い体験を通して、高杉は攘夷の意識を

長州藩の基礎情報と藩論の変化

藩　主	毛利敬親など
領　地	長門国阿武郡
藩　庁	萩城
石　高	37万石
藩　士	1万
財政基盤	防長四白（米、紙、ろう、塩）の販売
藩　論	尊王攘夷→公武合体・武備恭順→武力討幕

改め、開国に傾《かたむ》きました。

攘夷が困難ならば、外交対応を根本から変えるしかない。

高杉はそれには倒幕《とうばく》が必須《ひっす》と感じ、幕府に恭順と謝罪の意を示す保守派に対して、決死の覚悟《かくご》で亡命先の九州から舞《ま》い戻《もど》り、功山寺での挙兵に至ったわけです。

挙兵した高杉らは、下関の会所（藩営の貿易集会所）を襲撃、占拠《せんきょ》。世論を引きつけるため、備蓄《びちく》されていた貯蔵米を奪《うば》い、領民に分け与《あた》えました。続いて藩の軍艦癸亥丸《きがいまる》を乗っ取り、同船を海上砲台《ほうだい》として威嚇射撃《いかくしゃげき》を行い、反逆の意を露《あら》わにします。

解散命令で打撃《だげき》を受けていた諸隊も、これに呼応。

慌《あわ》てた保守派は藩兵を動員し、鎮圧《ちんあつ》に向かいました。保守派は領民にも動員を求めましたが、応じる者は現れません。早くも劣勢《れっせい》が予想されました。

両派は各地で衝突《しょうとつ》、激しい戦闘《せんとう》を繰《く》り広げます。

高杉ら倒幕派は、自らを「正義派」と称《しょう》し、対する保守派を蔑《さげす》んで、「俗論党《ぞくろんとう》・俗論派」と呼びました。その俗論党の抗戦《こうせん》は、翌年2月まで続きましたが、藩主親子の毛利敬親と定広が事態の収拾を図り、最終的に正義派が政権に復帰しました。

保守派は、「第1次長州戦争の講和交渉《こうしょう》で、幕府の追討を回避《かいひ》した」という功績を残しましたが、政権は半年で崩壊《ほうかい》しました。

以後、長州藩は高杉晋作が中心となり、表向きは幕府に恭順の意を示しながらも、出方によっては武力をもって徹底抗戦《てっていこうせん》を行うという「武備恭順」、さらには幕府と完全に敵対する「武力討幕」へと藩論を変えていきます。

薩摩の藩論転換《てんかん》 ―勝海舟《かつかいしゅう》の薫陶《くんとう》―

下関戦争で攘夷の限界を知った長州藩が、尊王攘夷↓恭順謝罪↓武備恭順↓武力討幕へと藩論を転換させたように、同時期、薩摩藩（鹿児島県鹿児島市）でも藩論の変化がみられました。

薩英戦争《さつえいせんそう》でイギリス海軍の実力を目の当たりにした薩摩藩は、講和交渉を通じてイギリスに接近。同藩は西洋式軍備導入などの面で、イギリスの助力を得ました。

賠償金《ばいしょうきん》を用立てた幕府としては、体面的にも外交的にも、面白くない結果です。

けれども薩摩藩の、交戦から交易への方向転換は、実際に外国の軍を相手に死力を尽《つ》くして戦った者にしか選べない、現実路線でした。

薩摩藩はこの時期を境に、幕府を見限り、徐々に倒幕へと傾いていきます。あれだけ対立した長州とも、倒幕という目的のもとに、接近を開始。その二大雄藩《ゆうはん》の合流に際して、薩摩藩の中心となったのが西郷隆盛《さいごうたかもり》でした。薩摩藩における倒幕への藩論転換は、この西郷が中心となって推《お》し進めます。

かつては長州嫌《ぎら》いであった西郷が、なぜ意見を変えたのか。それはある人物との邂逅《かいこう》が影響《えいきょう》しています。まずはその時期に至るまで、西郷の足取りを追ってみましょう。

前述の通り、尊攘派僧侶《そうりょ》・月照《げっしょう》と入水し、1人だけ生還《せいかん》した西郷は、入水の暴挙《ぼうきょ》を咎《とが》められ、1858年（安政5年）11月から大島（鹿児島県）に送られていました。しかし、国父・島津《しまづ》久光《ひさみつ》の公武合体計画を進める要員として、1862年（文久2年）、約3年に及《およ》ぶ流刑《るけい》から鹿児島に戻《もど》されました。

ですが、西郷は亡君・斉彬《なりあきら》を慕《した》うあまり久光と反目し、そのうえ「寺田屋事件」に際して激派志士たちの企てを止めようと入京し、待機命令を破ったことから、再び遠島処分を下されてしまいます。

ところが、西郷は1864年（元治元年）の2月にまた赦免《しゃめん》され、再び鹿児島へ。その背景には、久光の公武合体計画の頓挫《とんざ》がありました。

頓挫の原因となったのは、同年1月に久光が提案した「参与《さんよ》会議」です。

福井藩（福井県福井市）の前藩主・松平慶永《まつだいらよしなが》、土佐藩（高知県高知市）の前藩主・山内容堂《やまうちようどう》、宇和島藩（愛媛県宇和島市）の前藩主・伊達宗城《だてむねなり》、そして久光自身も朝議参与（相談役）に任命され、彼ら「四賢《しけん》侯《こう》」と徳川慶喜《とくがわよしのぶ》とで、長州処分や開国策について話し合う、会議の場が設けられました。

けれどもこの会議で、横浜鎖港《よこはまさこう》を主張する慶喜と、開港を主張する久光らが対立。両者の不和はその後も

そのころ、世界では？

1862年ユゴーの『レ・ミゼラブル』が刊行

熱烈《ねつれつ》な共和主義者として、ナポレオン3世のクーデターに反対し、19年間の亡命生活を送った、フランスの小説家ユゴーは、長編小説『レ・ミゼラブル』で、一片のパンを盗《ぬす》んで投獄《とうごく》された主人公ジャン・バルジャンの、波瀾《はらん》に満ちた生涯《しょうがい》を描《えが》きました。

解消されず、参与会議は結局、解体。公武合体派は分裂《ぶんれつ》し、久光の計画は暗礁《あんしょう》に乗り上げたのです。

このとき、幕政に変革を求める薩摩藩士の間には、失望感が広がりました。そこでこの状況を打破できる人材として、西郷を求める声が高まったのです。

遠島を言い渡《わた》した当人、久光としては複雑です。しかし人望がある西郷なら、藩内過激派の暴発を抑《おさ》え込《こ》むことも可能。そう考えて、久光は西郷を赦免《しゃめん》し、鹿児島に呼び戻《もど》したのです。

復帰後、上洛した西郷は、事実上の薩摩藩代表として軍賦役《ぐんぷやく》（軍司令官）に就任します。

薩摩藩の基礎情報と藩論の変化

藩　主	島津斉興、島津斉彬など
領　地	薩摩国鹿児島郡
藩　庁	鹿児島城
石　高	77万石
藩　士	4万8000人
財政基盤	砂糖の専売など
藩　論	尊王攘夷→公武合体・開国→倒幕

禁門の変では薩摩藩兵を指揮。会津藩（福島県会津若松市）と協力し、敵対する長州藩を京都から追放します。これによって薩摩藩は、京都における政局の主導権を握《にぎ》りました。

続く第1次長州戦争で、西郷は、総督《そうとく》を務める尾張藩（愛知県名古屋市）前藩主・徳川慶勝《よしかつ》の参謀陣《さんぼうじん》に参加。禁門の変での活躍《かつやく》以来、発言が重んじられるようになったのです。

長州藩の処分を決める段階になると、西郷は厳罰《げんばつ》を望む他藩の声を抑えて、相手が条件を受け入れ謝罪するなら兵を引き揚げるべきだ、と主張しました。厳しい処断を下せば、長州藩が徹底抗戦《てっていこうせん》に転じることもあり得ます。そうなれば事態は泥沼《どろぬま》化すると判断し、西郷は熱心に調停工作を行いました。結果、第1次長州戦争は交戦なく終結します。長州藩はこのとき、西郷のおかげで最悪の事態を免《まぬが》れたのです。

敵対勢力の筆頭・長州藩を、中央進出の競争から排除《はいじょ》しようと考えていた西郷が、ここでは一転して発想を切り替《か》え、幕長の対立を穏便《おんびん》な形で収束させたのです。これにはある人物、勝海舟との出会いが影響《えいきょう》していました。

1864年（元治元年）9月、西郷は勝とはじめて会います。軍艦奉行《ぶぎょう》に出世し、忙《いそが》しい日々を過ごしていた勝のもとへ、西郷は征長総督付参謀《せいちょうそうとくさんぼう》の肩書《かたがき》で、大坂の旅館まで訪ねていきました。

幕臣にもかかわらず、幕府の独裁体制に見切りをつけていた勝は、この会談で幕政の内情を隠《かく》さず打ち明け、大胆《だいたん》かつ率直な発言をします。

幕府のみが権力をもつのではなく、今は雄藩《ゆうはん》が協力して政局を担うべきとき。また対外問題を考えても、国内で争っているような場合ではない。そう、語ったのです。

新しい統一国家への構想を抱《いだ》く勝の意見は、衝撃《しょうげき》的なものでした。西郷は彼の言葉に感銘《かんめい》を受けて、倒幕、そのための薩長の協力路線へと意識を変えていきます。

そして第1次長州戦争の後、薩摩と長州の両藩は、接触《せっしょく》の頻度《ひんど》を高めていきました。薩摩側では、西郷と家老の小松帯刀《こまつたてわき》、そしてもう1人、西郷の盟友である大久保利通《おおくぼとしみち》が中心となって、水面下で倒幕活動を推《お》し進めます。

大久保利通は、西郷隆盛、桂小五郎《かつらこごろう》（木戸孝允《きどたかよし》）とともに「維新三傑《いしんさんけつ》」に数えられ、新政府の主導者となった人物です。

この大久保は、西郷とは同じ下級武士で、「城下士」と呼ばれる家柄の生まれでした。「城下士」は「小番」「新番」「御小姓与《おこしょうぐみ》」などの家格で分けられます。大久保はこのうち、「御小姓与」の家の出身でした。城下に住むことを許された士分では、最下層の下級武士です。薩摩藩には武士が多く、家臣たちは家格をもとに、居住地域まで明確に区分されていました。

なお、薩摩藩における武士階級の割合は、人口比30%近くに及びます。他藩の7~10%という割合に比べると、突出《とっしゅつ》した数値です。その背景には、戦国時代の影響《えいきょう》がありました。

戦国時代は戦闘員の増強が必須でしたが、生産力の低い薩摩で、土地に根付き農作も行う大勢の地侍《じざむらい》をすべて専業の戦闘員にしてしまうと、領国は存続の危機に陥ります。そのため薩摩では、近畿勢力を中心に進んだ兵農分離《へいのうぶんり》の影響を受けず、地侍たちをそのまま在地のリーダーとして強化する形を取り、大兵力を持つに至ったのです。

その大兵力を抱える薩摩藩では、有能な武士を多く育てようとする仕組みがありました。少年たちはそれぞれの町で「郷中《ごじゅう》」と呼ばれるグループに入り、年長者に学問や武芸、武士の心構えを教わります。郷中で育った少年たちは、長い時間をともに過ごして絆を深め、藩にとって有益な協力体制を築きました。大久保と西郷は、同じ郷中で少年時代を送った、親友同志でした。

大久保の父は、島津家で後継《こうけい》者問題「お由羅《ゆら》騒動《そうどう》」が生じた際に、流刑《るけい》に処された過去があります。この騒動は、第10代藩主・斉興《なりおき》が嫡男《ちゃくなん》である斉彬《なりあきら》を退け、側室・お由羅の方との子である次男・久光を第11代藩主にしようと画策し、藩内が斉彬派と久光派で二分される事件でした。当時、大久保の父は斉彬派だったことから対抗馬の久光に疎まれ、流罪となってしまったのです。そのために子の大久保も、不遇《ふぐう》の日々を経

薩摩藩の武士の割合

薩摩藩…約30%

他の諸藩の平均…7〜10%

武士の数が1万を超える藩

薩摩	**4万8000人**
加賀	1万8000人
広島	1万4000人
駿府	1万4000人
佐賀	1万1000人
尾張	1万1000人
和歌山	1万 500人
長州	1万 500人

験しました。しかし、藩主となった斉彬が没し、その跡を久光の子・忠義が継ぐと、彼は「国父」として返り咲いた久光に近づき、側近として出世を重ねます。大久保は、目標達成のために恨みも忘れる、合理的思考を持っていました。義理堅《ぎりがた》く人情の人だった西郷とは、真逆の性質です。

けれど流刑になっていた西郷の赦免《しゃめん》に奔走《ほんそう》したのは、この大久保です。同じ郷中で少年時代を送った2人は、やがて対立の時を迎えるとはいえ、固い絆で結ばれていました。

column 5

会《あい》津《づ》藩《はん》の洋式軍備化

軍備の近代化を進めた、会津の軍事官僚《かんりょう》・山本覚馬《やまもとかくま》

一般《いっぱん》的に旧幕府軍といえば、保守的・近代化失敗といった印象をもたれます。しかし実態はそれと異なり、たとえば会津藩（福島県）は、すでに弘化《こうか》年間（1844〜48）から西洋砲《ほう》の製造を学んでいました。伊豆《いず》韮山《にらやま》に藩士の一瀬大蔵《いちのせたいぞう》を遣《つか》わし、幕府代官・江《え》川英龍《がわひでたつ》のもとで大砲鋳造《たいほうちゅうぞう》を習わせるなど、軍備の近代化を進めていたのです。

会津藩は戊《ぼ》辰《しん》戦争の際、新政府軍の侵攻《しんこう》に備え、オランダ出身とされるスネル兄弟の商会から、大量の武器・弾薬《だんやく》を買いつけています。藩主だった松平容保《まつたいらかたもり》は、スネル兄弟の兄ヘンリィに、平松武兵衛という日本名や城下の屋《や》敷《しき》を与《あた》え、会津藩の戦略策定に彼の意見を取り入れました。スネル兄弟は、米《よね》沢《ざわ》藩や庄内《しょうない》藩とも交流を深め、奥羽《おうう》列藩《れっぱん》同盟の顧問《こもん》として、戦いを支援します。

開場時に会津藩が所持していた武器

●弾薬付き大砲……50挺
●小銃……2845挺
●胴乱*……18箱（弾丸入り）
●小銃弾薬……23万発
●槍……1320筋
●長刀……81振

*鉄砲の弾丸入れ

戊辰戦争の局面の１つ、会津戦争で、新政府軍による会津落城の際、会津藩が新政府軍に出した武器の目録。

　このような、幕末維《い》新《しん》期《き》における会津藩の、急速な洋式軍備化の中心となったのは、山本覚馬など軍事官僚たちでした。会津藩砲術指南役の長男に生まれた覚馬は、26歳《さい》で江《え》戸《ど》へ遊学し、佐久間象山《さくましょうざん》や江川英龍、勝海《かつかい》舟《しゅう》などから蘭学《らんがく》や西洋砲術を学びました。

　覚馬は鳥羽・伏見の戦いに際して捕《とら》えられ、京都の薩摩《さつま》屋敷に幽閉《ゆうへい》されます。しかし幽閉中、彼は眼病を患《わずら》いながらも口述で文書を作成し、西洋の知識や情報をもとに、冷静に状況《じょうきょう》を分析《ぶんせき》、自身の国家構想を示しました。幕末維新期、新政府側だけではなく旧幕府側の軍事官僚も、外交官僚や洋学者らと同等といえる知見を有していたのです。

坂本龍馬《さかもとりょうま》という男①　―土佐勤王党による吉田東洋《よしだとうよう》暗殺―

１８６６年（慶応《けいおう》２）１月。京都の薩摩藩邸で、西郷隆盛と小松帯刀が、長州藩の桂小五郎と密かに顔を合わせていました。薩長同盟を結ぶための会談です。

この密会に、遅《おく》れて現れた１人の男がいました。

土佐《とさ》藩の脱藩浪士《だっぱんろうし》、坂本龍馬、その人です。

幕末の立役者の１人として、さまざまな創作物で主役を張るこの人気者は、１８３５年（天保６年）11月15日、土佐藩郷士《ごうし》・坂本八平の次男に生まれました。

郷士とは下級武士を意味します。

土佐藩の初代藩主・山内一豊《やまうちかずとよ》は、関ヶ原合戦の恩賞で、１国を与《あた》えられ国持大名となりましたが、この土佐はもともと四国の大名、長宗我部《ちょうそかべ》氏の領土でした。そのため土佐藩の武士は、長年にわたり、２層に分裂《ぶんれつ》。

支配層を山内家家臣団の末裔《まつえい》である「上士」が独占《どくせん》し、土佐に残った長宗我部氏旧臣の末裔「下士」たちは、下層の身分を強いられました。

藩主の山内家は大恩ある徳川に忠誠を誓《ちか》っていましたが、郷士たちには幕府に対する感謝の念などありません。彼らにとってはむしろ、自分たちの身分を貶《おとし》めた元凶《げんきょう》です。

幕末期、土佐藩でも他藩と同じく、信条の違《ちが》いによる藩内政争が生じました。しかし、藩の歴史から見ればその政争は、上士が公武合体派・佐幕《さばく》派、郷士が尊王攘夷派・倒幕派であり、格差の戦いでもありました。

とはいえ、龍馬が下級武士の家の子として極貧時代を送ったかと言えば、そうではありません。龍馬の家の郷士

土佐藩の階層制度

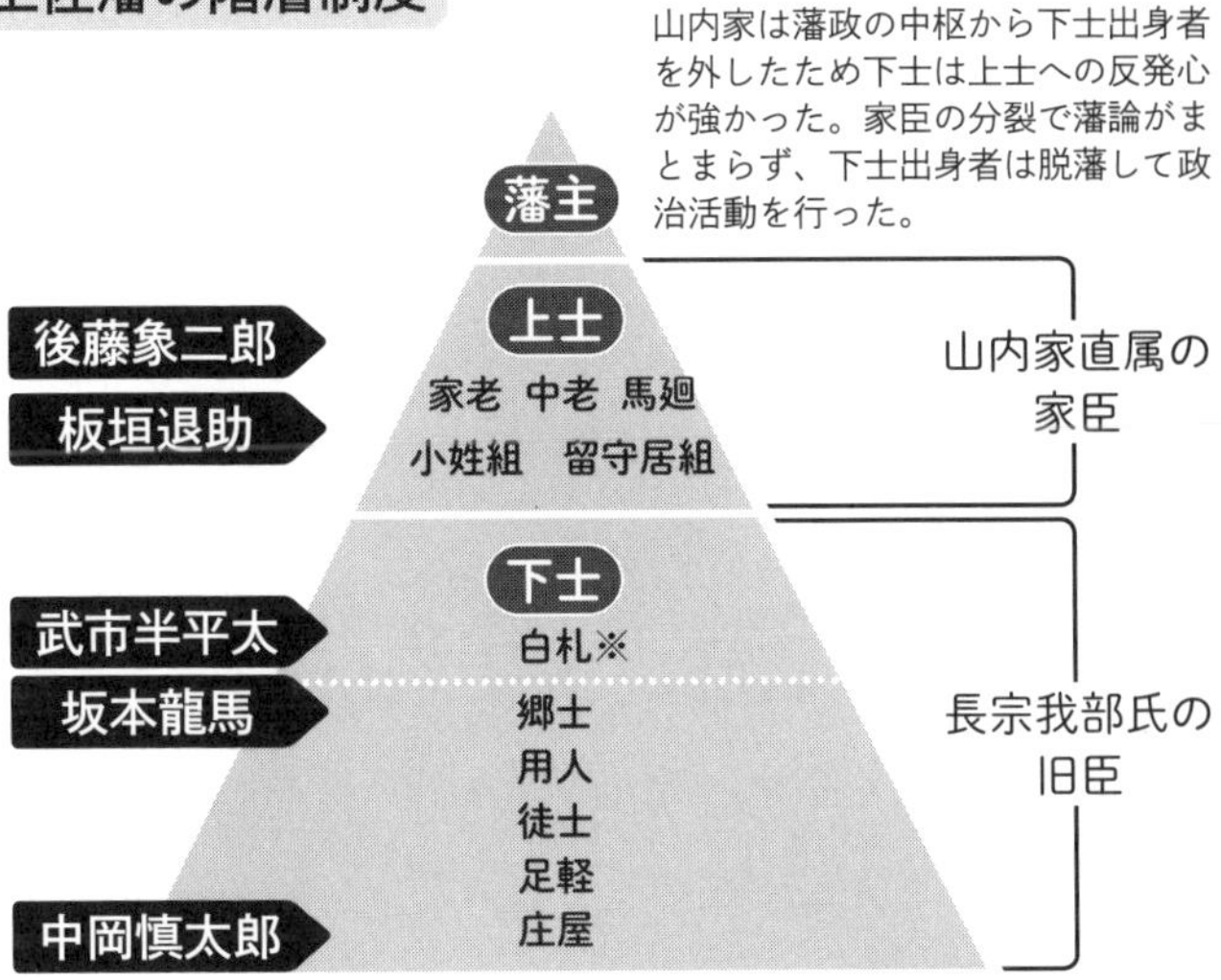
山内家は藩政の中枢から下士出身者を外したため下士は上士への反発心が強かった。家臣の分裂で藩論がまとまらず、下士出身者は脱藩して政治活動を行った。
藩主
上士
家老　中老　馬廻
小姓組　留守居組
下士
白札※
郷士
用人
徒士
足軽
庄屋
後藤象二郎
板垣退助
武市半平太
坂本龍馬
中岡慎太郎
山内家直属の家臣
長宗我部氏の旧臣

※認められたものは下士であっても上士の扱いを受ける

身分は、曽祖父《そうそふ》の兼助が分家をするときに実家が買い与《あた》えたもの。その実家というのが土佐でも有数の豪《ごう》商《しょう》「才谷屋《さいだにや》」だったため、龍馬は何不自由ない暮らしを送りました。

甘《あま》えん坊《ぼう》の虚弱《きょじゃく》体質で、10歳《さい》を過ぎても寝小便《ねしょうべん》の癖《くせ》が直らない、お金持ちのお坊ちゃん。ケンカも弱くて、すぐに泣くいじめられっ子。勉強も不得意で、退塾《たいじゅく》処分を受ける有り様。そんな龍馬はそれでも、旺盛《おうせい》な好《こう》奇心《きしん》と柔軟《じゅうなん》な思考力の持ち主でした。だからこそ、1つでも疑問を持てば納得するまで先に進めず、良い成績を残せなかった。当時の教育において、龍馬のような子供は、評価のできない劣等生《れっとうせい》でした。しかし、そのあくなき好奇心が、世に求められる資質となったのです。

そのころ、世界では？

1862年サイゴン条約の締結《ていけつ》

ベトナムは仏越《ふつえつ》戦争の終結にともない、フランスと講和条約を結びました。フランスは同条約で、キリスト教布教の自由、北・中部３港の開港と自由貿易の確約を受け、サイゴンとコーチシナ東部３省(ベトナム南部の一部）を獲得《かくとく》しました。

1853年（嘉永《かえい》6年）、青年になった龍馬は、剣術修行のために江戸へ上り、北辰《ほくしん》一刀流《いっとうりゅう》の桶町《おけまち》千葉道場に入門します。そのころには体つきもしっかりして、筋骨隆々の大男に成長していました。剣術の腕前《うでまえ》も、藩内で注目されるほど。龍馬は江戸で稽古《けいこ》に励《はげ》みつつ、道場の人と親交を深めていきました。

同年の黒船来航は、この時代に生きる大勢の若者の人生を変えたように、龍馬にも大きな影響を与えました。若い武士の間で攘夷思想が流行し、龍馬もとうぜんのように感化されます。そして同時期の吉田松陰《よしだしょういん》と同様に、異国船と戦うためには知識がいると考え、龍馬は江戸随一《ずいいち》の洋学者・佐久間象山《さくましょうざん》の門下となり、砲術や蘭学《らんがく》を学びました。

その後、1861年（文久元年）8月。和宮の降嫁《こうか》を翌々月に控《ひか》えた江戸で、遊学中の土佐藩郷士・武市半平太《たけちはんぺいた》が「土佐勤王党」を結成すると、龍馬も彼らに加わります。勤王とは、尊王の精神に加えて、天皇のために具体的な行動を起こす考えです。

武市は、龍馬の遠縁《とおえん》にあたる人物で、龍馬とは少年時代からの友人でした。郷士の長男に生まれ、安政3年に剣術修行で江戸に出ると、剣豪の桃井春蔵《もものいしゅんぞう》の道場に入門。その優れた腕前で、武市は塾頭まで進んでいます。江戸では龍馬と同じように、尊攘派志士と交遊。土佐勤王党結成後は、帰国して郷士や領民層に参加を呼びかけ、多くの同志を得ました。「人斬《ひとき》り以蔵《いぞう》」の名で知られ、数々の天誅《てんちゅう》事件に関わった岡田以蔵もその1人です。

当時、土佐藩の政争は深刻化していました。攘夷を願う土佐勤王党が目の敵にしたのは、藩政の実権を握《にぎ》る参政の吉田東洋。東洋は産業の育成や保護に努め、門閥《もんばつ》政治の打破、西洋式軍備の導入などを断行した進歩的な人物でしたが、幕府を支持する立場を取る以上、武市にとっては許せない相手でした。

一藩勤王。藩内の佐幕派を排除《はいじょ》し、藩の意見を勤王にまとめる。武市のその強い思いは、次第に東洋暗殺計画に傾《かたむ》いていきます。

しかし、武市から暗殺計画を打ち明けられた龍馬は、これに異を唱えました。籍《せき》は置きながらも、龍馬はすでに党と距離《きょり》を取るようになっていましたが、ここに来てはっきりと袂《たもと》を分かったのです。

それには、黒船来航の翌年に出会った土佐の藩船役人・河田小龍《かわだしょうりょう》の大きな影響がありました。小龍はかつて藩の指示により、漂流民《ひょうりゅうみん》のジョン万次郎《まんじろう》（中浜万次郎）の取り調べを行った人物です。万次郎は、漁に出て漂流し渡米、見聞を広め、10年後に帰国した土佐出身の漁師でした。万次郎から世界情勢を聞いた小龍は、龍馬に列強諸国と日本の軍事力の差を語り、身分出自を問わず優れた仲間を集め、外国船で貿易を行うことこそ国益であると説きました。

龍馬はすでに世界の実情を知り、いち早く攘夷の困難を知っていたのです。小龍の教えが数年の時を経て、龍馬の心のなかで大きくなっていました。そうなれば、過激に攘夷を叫《さけ》ぶ行為《こうい》が、狭量《きょうりょう》な考えに思えてきま

坂本龍馬の相関図

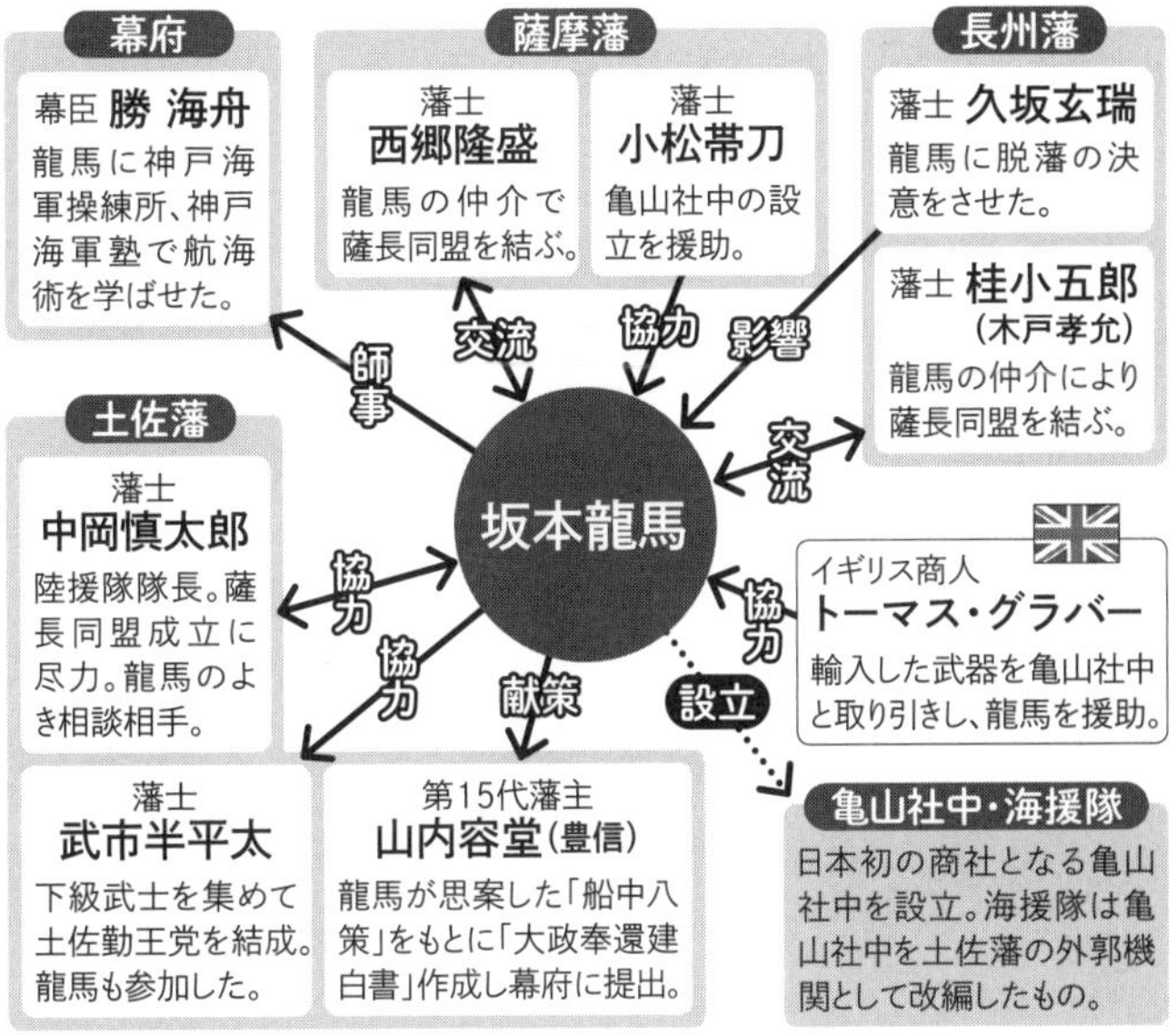

幕府
幕臣 勝 海舟
龍馬に神戸海軍操練所、神戸海軍塾で航海術を学ばせた。
薩摩藩
藩士 西郷隆盛
龍馬の仲介で薩長同盟を結ぶ。
藩士 小松帯刀
亀山社中の設立を援助。
長州藩
藩士 久坂玄瑞
龍馬に脱藩の決意をさせた。
藩士 桂小五郎 (木戸孝允)
龍馬の仲介により薩長同盟を結ぶ。
師事
交流
協力
影響
交流
坂本龍馬
土佐藩
藩士 中岡慎太郎
陸援隊隊長。薩長同盟成立に尽力。龍馬のよき相談相手。
協力
協力
献策
設立
協力
イギリス商人 トーマス・グラバー
輸入した武器を亀山社中と取り引きし、龍馬を援助。
藩士 武市半平太
下級武士を集めて土佐勤王党を結成。龍馬も参加した。
第15代藩主 山内容堂(豊信)
龍馬が思案した「船中八策」をもとに「大政奉還建白書」作成し幕府に提出。
亀山社中・海援隊
日本初の商社となる亀山社中を設立。海援隊は亀山社中を土佐藩の外郭機関として改編したもの。

す。

龍馬は同時期、姉・乙女《おとめ》に宛《あ》てた書状で、「日本を今一度せんたくいたし申候」と、日本の変革を主張しています。

世界の広さと、日本の狭《せま》さ。もう、その差を見ないふりはできません。

1862年（文久2年）、坂本龍馬、脱藩《だっぱん》。

約半月後の4月8日、土佐勤王党は、吉田東洋暗殺を実行しました。

なおこのとき、東洋の甥《おい》・後藤象二郎《ごとうしょうじろう》から命じられ、犯人探しにあたった人物が、後に三菱《みつびし》商会を創立し、三菱財閥《ざいばつ》の創設者となる岩崎弥太郎《いわさきやたろう》です。極貧の境遇《きょうぐう》から、東洋の私塾《しじゅく》で学んで出世した弥太郎にとって、この仕事は恩人の復讐《ふくしゅう》でもありました。

土佐藩の基礎情報と藩論の変化

藩　主	山内容堂（豊信）など
領　地	土佐国土佐郡
藩　庁	高知城
石　高	24万石
藩　士	8000人
財政基盤	木材、米の売却、石炭など国産品統制強化
藩　論	公武合体および尊王攘夷→公議政体→倒幕

彼は仲間内から嫌《きら》われるほど熱心に、探索方《たんさく》を務めたそうです。

一方、武市は一時的に藩政の実権を握《にぎ》りましたが、翌年に前藩主の山内容堂が巻き返しを図り、藩論を公武合体に転換。土佐勤王党に対して、弾圧《だんあつ》・粛清《しゅくせい》を行いました。

1865年（慶応元年）、武市らは切腹を命じられ、土佐勤王党は崩壊《ほうかい》します。

坂本龍馬という男② ―薩長同盟―

脱藩し、世界に目を向けた龍馬は、江戸でさらなる転機を迎えました。幕府軍艦奉行並だった勝海舟の弟子となり、神戸の海軍操練所創設に参画したのです。勝は西郷に薫《くん》陶《とう》を授ける約2年前に、この龍馬にも大きな影響を与えていました。

「幕府の海軍ではなく、諸藩と協力し合って形作る、日本の海軍が必要だ」と、江戸弁でまくし立てる勝は、龍馬の考えを一新しました。

龍馬はこの出会いで、国防を考えるなら、攘夷よりも諸外国との技術格差を埋《う》めることが先決だと確信。そのためには、海外との交易を活性化するしかありません。

自分が何をすべきか、それがはっきりと分かった龍馬は、神戸の海軍操練所で蒸気船の運用を学びます。操練所には尊攘派の脱藩者も多くいました。彼らは龍馬に感化され、思想を新たにした進歩的な集団が、次第に形成されていきました。

しかし、1864年（元治元年）、勝の持論とその影響を危険視した幕府が、軍艦奉行を罷免《ひめん》。海軍操練所も閉鎖《へいさ》され、龍馬とその仲間たちは、勝の紹介《しょうかい》で大坂の薩摩藩邸に拠点《きょてん》を移しました。龍馬が同藩の軍事を担う中心人物、西郷隆盛とはじめて顔を合わせたのも、この時期です。

龍馬は西郷の印象を鐘《かね》にたとえて、「大きく叩《たた》けば大きく鳴る、小さく叩けば小さく鳴る」と、その実直な人柄《ひとがら》を評価しています。

またこの間、龍馬は、同じ土佐藩の脱藩浪士・中岡慎太郎《なかおかしんたろう》が、薩摩と長州の和解を計画していると知りました。薩長の連結は、諸藩の連結の第一歩、願ってもないことです。龍馬はこの友人の助けになろうと決意しました。

中岡慎太郎と龍馬は、ともに土佐勤王党に参加した、幼いころからの親友です。中岡が脱藩した時期は、党への弾圧が始まって間もないころ。彼は諸藩の脱藩浪士が大勢逃げ込んでいた、長州藩に亡命しました。

侠気《きょうき》あふれる中岡は、脱藩浪士たちに慕《した》われ、次第に中岡の指揮のもと、尊攘活動が行われるようになりました。しかし禁門の変の後は、攘夷を繰り返してもどうにもならない、列藩連合を成して外圧に屈《くっ》しない強力な政権をつくることが重要だ、と思うに至ります。龍馬の理想と似た、共和的な考えです。

龍馬と中岡は、思い描《えが》いた理想の国をめざして、薩長の和解に動き出しました。長州藩への強硬《きょうこう》姿勢を解いた薩摩藩なら、必ず理解してくれる。そう思った龍馬は、西郷隆盛の説得に乗り出しました。

1865年（慶応元年）の4月、幕府は長州再征を諸藩に発表しました。幕府は高杉晋作らが保守派を退け、藩の実権を掌握したことに、危機感を抱いたので

そのころ、世界では？

1861〜65年アメリカで南北戦争

奴隷《どれい》制大農場を基盤《きばん》とする南部諸州と、商工業が盛んで奴隷制に反対する北部諸州の利害が対立し、アメリカで南北戦争が発生しました。北軍が勝利し、奴隷解放は実現しましたが、黒人差別問題は現在にいたるまで残されました。

す。

　翌月、将軍の徳川家茂《いえもち》は長州再征の勅許《ちょっきょ》を得るために江戸を出立し、陸路西上を開始しました。薩摩藩は長州出兵の不参加を表明。西郷は密かに龍馬へ、長州との和解の意向を伝えました。こうなれば、一刻も早く薩長同盟を成立させなければならない状況です。

　長州藩の桂小五郎は、池田屋事件以後、潜伏《せんぷく》を続けていましたが、高杉がクーデターを成功させて実権を握《にぎ》ると、藩政に呼び戻《もど》されていました。その政治力と、朝廷《ちょうてい》に対する人脈が必要とされたのです。龍馬たちが同盟成立のために長州へ掛《か》け合った際、窓口となったのはこの桂でした。

長州藩では未だ薩摩藩に対する悪感情が強く、同盟の相談は難航しましたが、龍馬は桂を説得し、同年5月、下関で1度目の密会の約束を取りつけます。しかしこのとき、薩摩側の西郷が、急用を理由に下関を素通りしてしまいました。

西郷は長州再征の勅許を阻止《そし》するために、朝廷へ向かっていたのですが、それを知らない長州藩は、密会の約束を反故にされ面目が立たない状況となりました。とはいえ事態は決裂《けつれつ》せず、よりよい方法で解決します。鍵《かぎ》となったのは、龍馬の「亀山社中《かめやましゃちゅう》」でした。

龍馬は同月、薩摩藩などから出資金を集め、日本初の株式会社を設立していました。社中とは仲間を意味する言葉です。宿舎が長崎の亀山にあったことからその名を取り、亀山社中と名付けられたこの組織は、海運と貿易を行う会社でした。

メンバーは神戸の海軍操練所で、龍馬とともに学んだ者たち。それに加えて、諸藩士や浪人・郷士、商人や領民が、給料の差異なく、平等な関係性のもとで働きました。

6月、龍馬は西郷と会見して、薩摩藩から長州藩へ武器を納入する取り決めを行います。

幕府は諸外国に長州藩への武器売買を禁止していました。そこで龍馬らは、薩摩藩名義で外国から鉄砲《てっぽう》や軍艦《ぐんかん》を購入《こうにゅう》し、倒幕に向けて武器を必要としていた長州藩に引き渡《わた》す、という手筈《てはず》を整えたのです。反対に薩摩藩は、不足に悩《なや》んでいた兵糧米《ひょうろう》を長州藩から貰《もら》い受けることになりました。

このとき品物の買い付けや運送を担った組織が、亀山社中でした。龍馬は、懇意《こんい》にしていたイギリスの武器商人、トーマス・グラバーのグラバー商会を通じて、外国製武器を仕入れたのです。グラバーは薩英戦争でイギリスと薩摩藩の仲立ちをした、信頼《しんらい》できる人物でした。薩長の協力体制は、この周旋《しゅうせん》で大きな一歩を踏《ふ》み出しました。

家茂は9月に第2次長州戦争の勅許を得て、開戦に向けて準備を進めています。倒幕に向けて、大きく動き出す時が近づいていました。

そして1866年（慶応2）1月、薩長同盟が成立します。

このとき京都・薩摩藩邸の密会に遅《おく》れて現れた龍馬は、西郷と桂が、依然《いぜん》として連携《れんけい》の話を進めていない様子に驚《おどろ》きました。切り出した方が同盟の援助《えんじょ》を請《こ》う立場になるため、特に長州側は藩の状況を考えて、実質的な内容を話し出せずにいたのです。龍馬はここでまた両者の説得に奔走《ほんそう》し、薩摩藩が同盟を持ちかける形で、どうにか調印を実現させました。そうした結果取り結ばれたのが、6カ条からなる薩長の盟約です。

一、幕長が開戦した場合、薩摩藩は即時《そくじ》2000の兵を上京させ、在京の兵に合流する。大坂にも1000の兵を派遣《はけん》し、京都と大坂を警護する。

一、戦局で、長州藩が優勢になった場合、薩摩藩は同藩に対する朝敵指定の撤回《てっかい》のために尽力《じんりょく》する。

一、万が一、長州藩の敗戦が濃厚《のうこう》になっても、1年や半年で藩が壊滅《かいめつ》することはない。その際も薩摩藩は長州藩のために尽力する。

一、幕長の戦争で、幕府軍が勝負を決せず江戸に戻《もど》っても、薩摩藩は長州藩の朝敵という冤罪《えんざい》を晴らすために尽力する。

一、幕府が兵力を増強し、会津・桑名《くわな》藩（三重県桑名市）なども強硬《きょうこう》姿勢を続ける場合、薩長2藩で幕府と戦う。

一、長州藩の冤罪が晴れたら、薩長双方ともに誠心をもって一体化し、皇国の権威《けんい》回復を目指して尽力する。

同盟成立後、23日に伏見の船宿・寺田屋に戻った龍馬は、伏見奉行所の捕《と》り方（罪人を捕らえる役人）から襲撃《しゅうげき》を受けました。手に重傷を負ったものの、後に龍馬の妻となるお龍《りょう》の機転で薩摩藩邸へ脱出《だっしゅつ》し、難を逃れています。死すべき時は今ではないと、まるで時代に救われたかのように、龍馬は九死に一生を得ました。

倒幕派の逆襲 ―第2次長州戦争―

第2次長州戦争は、幕府による開戦の予告から実戦まで、1年の時を要しました。

この戦いは本質的に、幕府の沽券《こけん》を守るための戦いであり、諸藩にとっては必然性がなく、経費が嵩《かさ》むだけの徒労でした。薩摩藩も出兵を拒否《きょひ》したため、多くの藩に厭戦《えんせん》気分が漂《ただよ》い、長州再征に難色を示したのです。下関という重要な港を戦地にするのも、諸藩にとっては回避《かいひ》したいことでした。

加えて長州藩も、幕府が要求する藩主親子の召喚《しょうかん》を再三無視して、時間稼《かせ》ぎをしています。開戦までの時間が長期化したのも、とうぜんの結果です。

この間、長州は着々と正義派新政権の体制を整えました。水面下では薩長同盟も結び、交戦に向けてできる限りの戦闘《せんとう》準備を進めています。

その際、軍事面を主導したのは大村益次郎《おおむらますじろう》です。彼は最新の洋式兵器を導入し、倒幕に向けて西洋式の兵制を取り入れた軍制改革を行いました。のちの新政府軍で軍のトップとなり、「陸軍の父」として知られる大村は、優秀《ゆうしゅう》な軍略家でした。

長州藩の町医者の家に生まれた大村は、蘭方医《らんぽうい》・梅《うめ》田《だ》幽斎《ゆうさい》のもとで19歳《さい》から約5年にわたり蘭学《らんがく》や兵学を学んだ後、大坂の蘭学者・緒方洪庵《おがたこうあん》の適塾《てきじゅく》に入門しました。優秀な人材を数多く輩出《はいしゅつ》したこの適塾でも、大村は塾頭を務めるほどでした。

その後は宇和島藩主・伊達宗城《むねなり》の招聘《しょうへい》で、1856

そのころ、世界では？

1861年イタリア王国が成立

イタリアではナポレオンの支配を経て統一運動が盛んになりました。北部のサルデーニャ王国は、第2次イタリア・オーストリア戦争でイタリア北・中部を取得、また、活動家ガリバルディが解放した南部諸地域を併合《へいごう》し、イタリア王国を成立させました。

年（安政3年）まで同藩に滞在《たいざい》しています。大村はそこで蘭学の講義を行いつつ、洋式軍艦の製造に成功しました。藩主の参勤に伴い江戸へ出ると、私塾・鳩居堂《きゅうきょどう》を開いて蘭学や兵学、医学などを教授。好評を得て、幕府の講武所教授に抜擢《ばってき》されました。

やがてその活躍《かつやく》は郷里に知られ、大村は藩の要請《ようせい》を受けて、1863年（文久3年）、40歳《さい》間近の年に長州へ戻《もど》っています。大村は西洋の兵術書を翻訳《ほんやく》するだけでは終わらず、実戦で兵術がどのように役立つのか具体的に研究し、藩での講義に生かしました。

第2次長州戦争

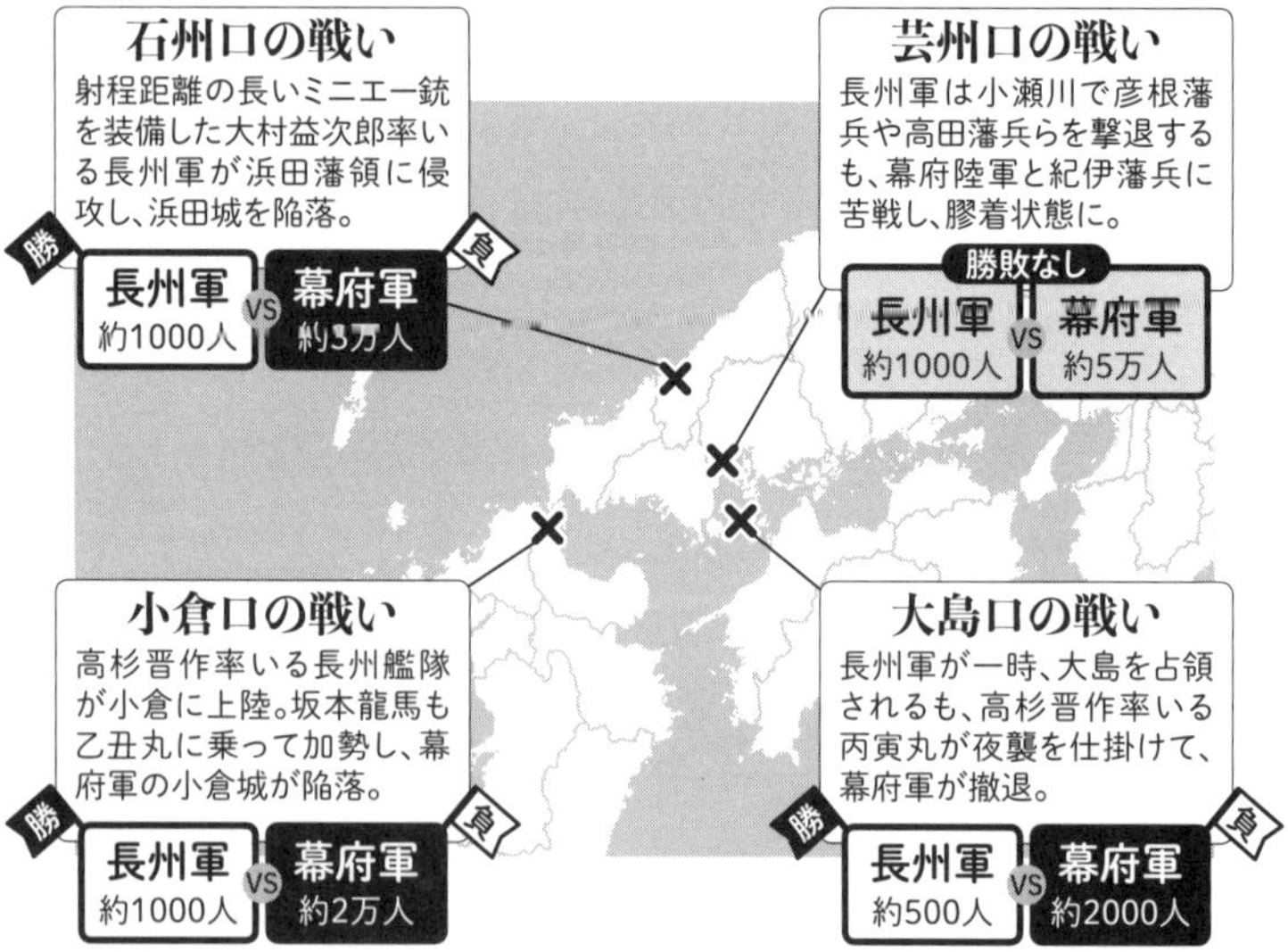
石州口の戦い
射程距離の長いミニエー銃を装備した大村益次郎率いる長州軍が浜田藩領に侵攻し、浜田城を陥落。
勝
長州軍 約1000人
VS
負
幕府軍 約3万人
芸州口の戦い
長州軍は小瀬川で彦根藩兵や高田藩兵らを撃退するも、幕府陸軍と紀伊藩兵に苦戦し、膠着状態に。
勝敗なし
長州軍 約1000人
VS
幕府軍 約5万人
小倉口の戦い
高杉晋作率いる長州艦隊が小倉に上陸。坂本龍馬も乙丑丸に乗って加勢し、幕府軍の小倉城が陥落。
勝
長州軍 約1000人
VS
負
幕府軍 約2万人
大島口の戦い
長州軍が一時、大島を占領されるも、高杉晋作率いる丙寅丸が夜襲を仕掛けて、幕府軍が撤退。
勝
長州軍 約500人
VS
負
幕府軍 約2000人

大村は当時の日本では珍《めずら》しい現実主義者で、空気を読まない言動も多く、社交辞令を言うこともないため恨《うら》みを買い、敵も多かったといいます。しかしこの大村なくして、藩が幕府へ立ち向かうことは不可能でした。

1866年（慶応2年）6月。藩主親子の召喚《しょうかん》を無視され続けた幕府は、ついに長州藩に総攻撃を開始します。総勢15万人もの軍勢で、長州藩領の四方である芸州口（広島県西部）、石州口（島根県西部）、小倉口（福岡県北部）と、大島口（周防大島／現在の山口県屋代島）を包囲。四方から攻撃を加えたため、この戦争は「四境《しきょう》戦争」ともよばれます。対する長州軍は、わずか3500人の兵力でした。

7日、幕府はまず海上から大島を砲撃《ほうげき》し、「大島口の戦い」で戦端《せんたん》を開きました。幕府軍はこの戦いで、一時は大島を占領《せんりょう》しますが、高杉率いる丙寅丸《へいいんまる》の夜襲《やしゅう》を受け、幕府軍約2000に対して、長州軍約500という戦力差にもかかわらず、敗北を喫《きっ》します。

14日、「芸州口の戦い」がはじまりました。幕府軍5万に対し、長州軍の兵力は1000。長州の軍勢は少数ながら、小瀬川《おぜがわ》を渡《わた》る彦根《ひこね》藩（滋賀県彦根市）や高田《たかだ》藩（新潟県上越市）の兵士を、高所より最新鋭《さいしんえい》の銃《じゅう》で乱射し、緒戦《しょせん》を快勝しました。しかし幕府陸軍と紀伊《きい》藩（和歌山県和歌山市）の兵士には苦戦。長州軍は巻き返しを図りましたが、芸州口は膠着《こうちゃく》状態に陥《おちい》りました。

16日、長州軍は「石州口の戦い」で、隣《となり》の浜田《はまだ》藩（島根県浜田市）領に進出、先制攻撃に出ました。大村率いる長州軍は、約3万の軍勢を誇《ほこ》る幕府軍に対し、約1000。しかし大村は兵法の才を発揮して、敵軍の弾道《だんどう》が届かない距離《きょり》に、射程距離の長いミニエー銃を装備させた狙撃《そげき》隊を並べて侵攻《しんこう》、浜田城を攻め落とします。この勝利によって長州軍は、他の戦線に主力を振《ふ》り向ける余裕《よゆう》ができました。

17日、高杉率いる長州艦隊が小倉に上陸し、「小倉口の戦い」がはじまりました。坂本龍馬も艦隊の乙丑丸《いっちゅうまる》に乗って長州軍加勢。本戦も幕府軍約2万に対し、長州軍は約1000というかなりの戦力差でした。

両軍は激しい戦いを繰《く》り広げましたが、ここで幕府に衝撃《しょうげき》が走ります。7月20日、大坂城に布陣《ふじん》していた家茂が病に倒《たお》れ、急逝《きゅうせい》したのです。味方の動揺《どうよう》を防ぐため、家茂の死は伏《ふ》されたまま、その亡骸《なきがら》だけが海路で江戸に運ばれました。

ところがこの家茂病死の情報が、小倉口の幕府軍に広まり、布陣《ふじん》中の肥後《ひご》熊本《くまもと》藩（熊本県熊本市）、筑後久留米《ちくごくるめ》藩（福岡県久留米市）の両藩兵が引き揚《あ》げを開始しました。小倉藩（福岡県北九州市）兵のみが残り戦闘《せんとう》を続けましたが、幕府老中の小笠原長行《おがさわらながみち》までが離脱《りだつ》。8月に入り小倉城が陥落《かんらく》・占《せん》拠《きょ》されると、幕府軍は撤退《てったい》をはじめ、その敗北は決定的になりました。

8月21日、将軍死去のため第2次長州戦争停止の勅《ちょく》命《めい》が幕府に下り、翌月、安芸・宮島（広島市廿日市《はつかいち》市）で幕府の勝海舟と、長州藩当役手元役の広沢真臣《ひろさわさねおみ》らが会談を行い、両者は休戦協定を結びます。

幕府軍敗戦の原因としては、第1に開戦が遅《おく》れたこと。天皇が再征《さいせい》に反対したため勅許を得る時点でまず4ヶ月、さらに開戦までに1年の時を要し、長州藩の藩政や軍備の体制強化を許してしまいました。同藩は

そのころ、世界では？

1863年サモトラケのニケが出土

エーゲ海北東部のサモトラケ島から、ニケ（勝利の女神）像が見つかりました。ヘレニズム時代に栄えた同島には、秘儀《ひぎ》の祭式を行う神域があり、ニケ像はこの神域から出土されました。現在はフランスのルーヴル美術館に所蔵されています。

この間に、動員兵力の勝る幕府軍を撃退するほどの力を手に入れたのです。幕府方諸藩に厭戦傾向《えんせんけいこう》があったことも、長州藩の有利に働きました。

また、薩摩藩の出兵拒否《きょひ》も痛手でした。開戦時に薩長同盟の成立を知らなかったことが、幕府の大きな誤算になったのです。加えて、江戸や大坂をはじめとする都市では貿易自由化による国内の価格変動で経済不安が高まり、一揆《いっき》が多発。こうした不安定な情勢のなかで遠征《えんせい》を強行したことが、幕府敗北の原因となりました。

この敗北は、幕府の威信《いしん》を地に落としました。長州・薩摩の両藩は、倒幕に向けてさらに歩を進めます。

逆襲《ぎゃくしゅう》の一手　―大政奉還《たいせいほうかん》―

1866年（慶応2年）12月5日。徳川慶喜《よしのぶ》、第15代将軍に就任。

慶喜は将軍職に就くと、威信の回復を目指して幕政改革に乗り出します。

不明瞭《ふめいりょう》だった職務分担を整えるため、従来の老中、若年寄、三奉行制度に代えて、国内事務、会計、外国事務、陸軍、海軍の五局を置き、職制度を刷新（五局制度）。また、身分を超《こ》えた優秀《ゆうしゅう》な人材を登用して賞罰《しょうばつ》を厳正に行い、不要な費用の削減《さくげん》に努めました。

この「慶応の改革」ではさらに、陸海軍の拡充《かくじゅう》も行われました。慶喜が将軍就任以前から懇意《こんい》にしていたフランス公使・ロッシュの提言のもと、幕府はフランスから陸軍教官を招き、フランス式軍事教練を実施。慶喜自身もフランスから贈《おく》られた軍服を身に纏《まと》うなど、西洋化による幕府軍の強化を図りました。

なおこの時期、盛んに主張されるようになった国家構想に、公議政体論があります。公議政体論とは、公武合体からさらに進み、幕藩体制の立て直しを狙《ねら》って徳川の独裁をやめ、諸藩の結

束のもとで政治を進めようとする、新しい国家権力の構想です。勝海舟や河田小龍、2人に影響を受けた坂本龍馬の考えも、この公議政体論に沿ったもの。そしてこの龍馬の論策を、平和的な政権交代を可能にする提案として、慶喜に示したのが、土佐の実力者であり前藩主の、山内容堂でした。

容堂は土佐勤王党を粛清《しゅくせい》して藩政の実権を取り戻《もど》すと、藩論を再び公武合体へと転換させました。しかし水面下での薩長同盟締結《ていけつ》を知ると、幕府の崩壊《ほうかい》を予感し、同盟に関わった龍馬や中岡、多くの脱藩者を赦免《しゃめん》。藩論は倒幕派への一歩を踏み出しました。

とはいえ、その段階に至っても容堂はまだ、公武合体から倒幕へ振り切れずにいました。そこへ飛び込んできた案が、龍馬の公議政体論「船中八策」でした。

1867年（慶応3年）。1月に脱藩を許された龍馬は、4月に亀山社中を「海援隊《かいえんたい》」という藩公認の組織に改め、その隊長に就任しました。

そして6月、紀州藩軍艦と海援隊士が乗るいろは丸の衝突《しょうとつ》事件（いろは丸問題）を前月に解決した龍馬が、9日に藩船で長崎から京都に戻《もど》る、その帰路のことでした。

龍馬は船中で、同乗していた土佐藩参政の後藤象二郎《ごとうしょうじろう》に、自ら考えた政策案を示しました。それは8カ条からなるもので、政権を朝廷に返上するという大政奉還、議会の設置、大典（憲法）の制定、海軍の拡張、諸外国との国交樹立などの必要性を説いた、画期的な新国家構想でした。

17日、容堂は藩論を大政奉還路線に定めます。その際、決め手となったのが、象二郎が感服して容堂に提言した、「船中八策」だったといわれます。

それから間もない6月22日、土佐藩は薩摩と、大政奉還を視野に入れた薩《さっ》土《ど》盟約《めいやく》を締結《ていけつ》しました。盟約には、大政奉還や王政復古、徳川将軍家にある

船中八策について

❶幕府に政権を奉還させ、朝廷が政令を出すべきこと。**（大政奉還）**

❷上、下の議政局を設け、議員を置いて万機を検討させ公議によって決すべきこと。**（上下両院による議会政治）**

❸有能な人材を積極的に登用し、有名無実の官を除くべきこと。**（有能な人材の政治への登用）**

❹外交に関することも公議で決め、新たに必要な規約を立てるべきこと。**（不平等条約の改定）**

❺古来の律令を折衷し、新たに無窮の大典を撰定すべきこと。**（憲法制定）**

❻海軍を拡張すべきこと。**（海軍力の強化）**

❼御親兵（天皇の軍隊）を置き、帝都（京都）を守衛すべきこと。**（御親兵の設置）**

❽金銀物貨に関して外国と平均の法を設けるべきこと。**（金銀交換レートの変更）**

実権を諸侯《しょこう》のものとすることなどが明記されており、公議政体論が色濃《いろこ》く反映されていました。以降、土佐藩では、大政奉還路線が定着。ところが薩摩藩は、土佐藩と同盟を結んだにもかかわらず、同盟藩の意向と異なる、武力による倒幕を狙《ねら》い続けます。

それには同年5月の「四侯会議《しこうかいぎ》」が関係していました。この会議は、西郷や大久保の計画のもと、3年前の参与《さんよ》会議と同じメンバーにより行われ、松平慶永・山内容堂・伊達宗城・島津久光の「四賢侯《しけんこう》」と、将軍・徳川慶喜が参加しています。

議題は主に、長州処分や兵庫開港問題について。

兵庫開港に関しては、黒船来航以来、その是非《ぜひ》が度々問われ、第2次長州戦争や下関戦争に際しても、朝廷、幕府、駐日《ちゅうにち》外交団の間で、議論が過熱していました。

慶喜はこの3月、フランス・イギリス・アメリカ・オランダ4カ国の駐日外交団に対し、約束していた期日（同年12月7日）通りの兵庫開港を確約しています。しかし、そのための勅許を何度求めても、朝廷はかたくなに拒絶《きょぜつ》してきました。

そのため慶喜はこの会議で、朝廷内の反対派に対して、ねばり強く説得を試みます。結果、兵庫開港の勅許を得ました。

この間、四侯は長州への寛大《かんだい》な処分を優先させようとしましたが、慶喜が兵庫開港問題を急いだために、事態は紛糾《ふんきゅう》。四侯会議は結局、解体を余儀《よぎ》なくされました。

これまで参与会議や四侯会議は、武力倒幕を水際で防ぐための、緩衝材《かんしょうざい》の役割を果たしていました。諸藩の代表である四賢侯と、幕府の代表である慶喜が、共生の道を探ろうとしてきたのです。しかしこの緩衝材が破綻《はたん》したとなれば、日本にはもはや、武力倒幕を押《お》しとどめる機構が存在しません。四侯会議の消滅を境に、薩摩も藩をあげ

大政奉還にいたるまで

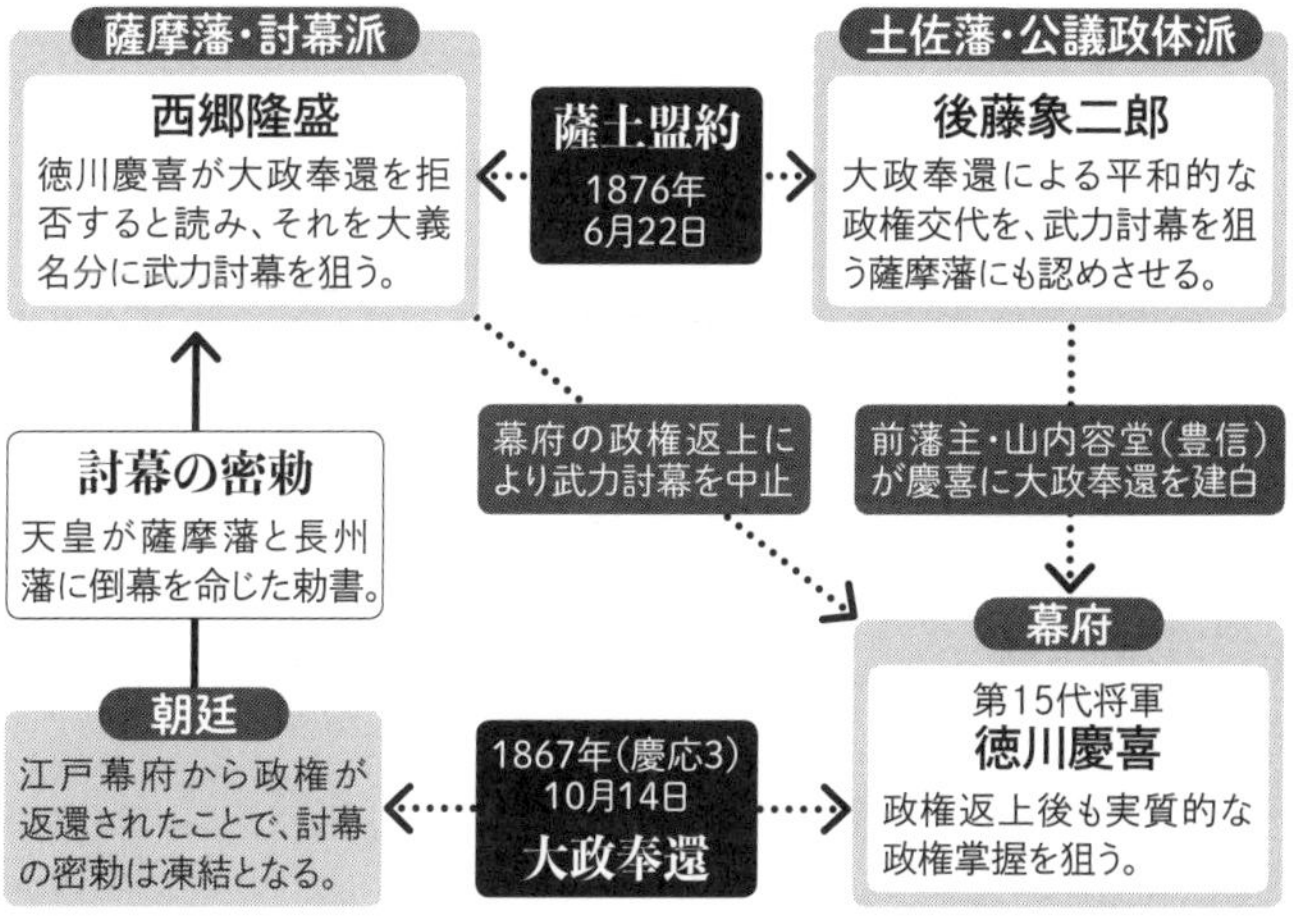

薩摩藩・討幕派
西郷隆盛
徳川慶喜が大政奉還を拒否すると読み、それを大義名分に武力討幕を狙う。
薩土盟約
1876年
6月22日
土佐藩・公議政体派
後藤象二郎
大政奉還による平和的な政権交代を、武力討幕を狙う薩摩藩にも認めさせる。
討幕の密勅
天皇が薩摩藩と長州藩に倒幕を命じた勅書。
幕府の政権返上により武力討幕を中止
前藩主・山内容堂(豊信)が慶喜に大政奉還を建白
朝廷
江戸幕府から政権が返還されたことで、討幕の密勅は凍結となる。
1867年(慶応3)
10月14日
大政奉還
幕府
第15代将軍
徳川慶喜
政権返上後も実質的な政権掌握を狙う。

て、武力倒幕への道を進むことになりました。公議政体論の立場を取る土佐藩と同盟を結んだからといって、薩摩藩はいまさら倒幕路線を変えるつもりはなかったのです。

しかも薩摩藩は、薩土盟約と前後して、長州藩とともに「討幕の密勅《みっちょく》」が下るよう、朝廷工作をしていました。公卿《くぎょう》の岩倉具視らと連携《れんけい》し、「討」幕、さらには王政復古の計画を実行しようとしたのです。薩土盟約はこの動きをもって解消します。

徳川幕府の将軍と在職期間

	将軍名	在職期間
初代	家康	1603-1605
2代	秀忠	1605-1623
3代	家光	1623-1651
4代	家綱	1651-1680
5代	綱吉	1680-1709
6代	家宣	1709-1712
7代	家継	1713-1716
8代	吉宗	1716-1745
9代	家重	1745-1760
10代	家治	1760-1786
11代	家斉	1787-1837
12代	家慶	1837-1853
13代	家定	1853-1858
14代	家茂	1858-1866
15代	慶喜	1866-1867

そのため容堂は、10月に入ると単独で、将軍・慶喜に大政奉還を提言。14日、慶喜は朝廷に、大政奉還の意思を正式文書にして提出しました。

ところが同日、朝廷内の討幕派である公卿・三条実愛《さねなる》を通じて、長州藩へ討幕の密勅が下されます。三条は同時に、会津藩主・松平容保と桑名《くわな》藩主・松平定敬を討つ沙汰《さた》書も授けています。また、討幕の密勅は前日に薩摩藩へも下されており、その際に長州藩主・父子の官位も復旧されています。長州藩はこれにより、朝敵の汚名《おめい》を返上したのです。大政奉還か、討幕か。事態は緊迫《きんぱく》していました。

とはいえ、討幕の勅書が本物かどうかについては、現在でも疑念が持たれています。薩摩・長州の両藩に下されたこの勅書には、天皇の直筆部分や花押《かおう》（サイン）が見当たらず、勅書の体裁をなしていない異例の文書でした。天皇の花押といっても、孝明天皇の花押ではありません。後継《こうけい》である、明治天皇の花押がないのです。

孝明天皇は、前年の1866年（慶応2年）12月25日、慶喜を将軍に叙官《じょかん》して間もない日に崩御《ほうぎょ》しました。死因は疱瘡《とうそう》（天然痘《てんねんとう》）とみられており、快方に向かっていたものの24日の夕方になって容態が急変、36歳《さい》の若さで逝去《せいきょ》。あまりに急な死のために、当時から毒殺説が噂《うわさ》されました。

その後、年が開けた1月9日、孝明天皇の第2皇子・睦仁《むつひと》親王が16歳《さい》で践祚《せんそ》（天皇の位に就くこと）、明治天皇となりました。ですから勅書には、明治天皇の花押があってしかるべきなのです。

これが「討幕の密勅」偽勅《ぎちょく》説の根拠です。真実は定かではありませんが、事態は偽勅が必要なほど切迫《せっぱく》していました。もしも大政奉還が成ったら、薩摩・長州の両藩は、討幕のチャンスを逃してしまいます。

慶喜はそれを分かっていて、討幕派の目論見を挫くべく、大政奉還を申し出たのです。10月15日、ついに大政奉還は勅許されます。

幕府は政権を朝廷に返上しました。これにより討幕の密勅は凍結《とうけつ》、薩摩も長州も切願した大義を失いまし

そのころ、世界では？

1863年ジュネーヴに国際赤十字が設立

クリミア戦争で野戦看護に従事したナイチンゲールは、中立的な救援《きゅうえん》活動を訴《うった》えました。その訴えをもとに、スイスの実業家デュナンが、戦時における傷病者の保護を目的として、ジュネーヴに国際赤十字を設立しました。

た。慶喜の狙《ねら》い通りです。表向きには政権を放棄《ほうき》したように見えても、慶喜に手放す気持ちはありませんでした。

数百年も、政務を執《と》っていない朝廷が、政権を担うなど不可能。すぐに泣きついてくるに決まっている。

大政奉還は慶喜にとって、逆襲《ぎゃくしゅう》の一手だったのです。

大政奉還さえ実現すれば、討幕派の挙兵を封《ふう》じられる状況だったことは確かです。

奉還後の新政権で、慶喜が再び権力を掌握《しょうあく》する可能性も、このときはまだ十分にあったのです。

近代教育を広めた教育者

福沢諭吉《ふくざわゆきち》

Yukichi Fukuzawa

1835 ～ 1901

大学の設立や、著書で多くの国民を啓蒙《けいもう》した

中津《なかつ》（大分県中津市）藩士《はんし》の家に生まれた諭吉は、家出同然に大坂に上り、緒方洪庵《おがたこうあん》の適塾《てきじゅく》で蘭学《らんがく》を学びました。諭吉はオランダ語を勉強すると、熱心に原書を読み、西欧《せいおう》の化学や医学の知識を習得。その逸材《いつざい》ぶりが評価され、江戸の中津藩邸の蘭学塾講師に抜擢《ばつてき》されました。諭吉は咸臨丸《かんりんまる》の米国派遣に際して英語力を買われ、提督《ていとく》・木村芥舟《きむらかいしゅう》の従者を務めます。帰国後は、幕府の外国奉行《がいこくぶぎょう》翻訳方《ほんやくかた》に登用されました。４年後、彼は自身の塾を「慶應義塾」と改名、現在の慶應義塾大学に発展します。

維新後、諭吉は新政府から出仕を求められますが、尊《そん》王攘夷運動《のうじょういうんどう》を嫌悪《けんお》していたことから誘《さそ》いを断り、民間の思想家・教育家として活動します。文筆家としても知られ、その著書『学問のすゝめ』は学問の重要性と独立の精神を分かりやすく語る名作として明治の人々に広く読まれました。

第五章

内戦の果て

徳川の退場 —王政復古の大号令・小《こ》御《ご》所《しょ》会議《かいぎ》—

「ええじゃないか、ええじゃないか」

大政奉還《たいせいほうかん》が実現したこの時期、1867年（慶応《けいおう》3年）8月から翌年4月にかけて、日本の各地で人々が、「ええじゃないか」などと唱え、歌い踊《おど》りながら町や村を練り歩く現象が起こりました。三河国渥美郡牟《む》呂《ろ》村（愛知県豊橋市）で、伊勢神宮《いせじんぐう》のお札が降ったという噂《うわさ》から、これを豊作や慶事《けいじ》の前兆と捉《とら》えた人々が、列を成して騒《さわ》いだことではじまった、といわれます。この運動は、東海・近畿地方を中心に西は広島、南は四国の室戸（高知県）、和歌山、東は

甲州《こうしゅう》、信州から江戸までの広い範囲に波及《はきゅう》しました。

民衆は時代の変動を感じ取り、一種の興奮状態にあったといえます。

しかし変動が進むなか、新時代を夢見た3人の志士が、明治の到来《とうらい》を見ることなく、静かにこの世を去っていきました。

1867年（慶応3年）4月14日、長州藩士《ちょうしゅうはんし》・高杉晋作《たかすぎしんさく》、病死。

同年11月15日、土佐《とさ》藩士・坂本龍馬《さかもとりょうま》、暗殺。同時に襲撃を受けた中岡慎太郎《なかおかしんたろう》も、その2日後に死去。

列強諸国と幕府を同時に敵に回し、倒幕《とうばく》派の道筋を切り開いた長州藩（山口県萩市）の実力者・高杉は、患《わずら》っていた肺結核《はいけつかく》が悪化して、療養《りょうよう》先の下関で亡くなりました。

龍馬と中岡は、京都の下宿先だった醤油《しょうゆ》商近江《おうみ》屋の2階で襲撃《しゅうげき》されました。龍馬は即《そく》死《し》、中岡は重傷を負い、17日に死亡。旗本の子弟で構成された京都の治安維持《いじ》組織、「京都見廻組《きょうとみまわりぐみ》」による暗殺説が有力です（近江屋事件）。

時代が必要とした3人の変革者は、志なかばながら、まるで出番はここまでと言われたかのように突然《とつぜん》消え去り、残された者たちがその役目を受け継《つ》いでいきました。

同年12月9日、朝廷《ちょうてい》が「王政復古」を宣言し、天皇を頂点とする新政府が誕生。250年以上続いた徳川の天下は終わり、天皇を君主とした王政が復活、政権も朝廷に戻《もど》されました。

同日夜には、新政府にとって最初の会議である「小御所会議」で、各種の官制が整えられます。まずは三職（総裁・議定・参与《さんよ》）が置かれ、総裁には有栖川宮熾仁親王《ありすがわのみやたるひと》が就任しました。議定には仁和寺宮嘉彰親王《にんなじのみやよしあき》（小松宮彰仁親王《こまつのみやあきひと》）ら皇族や、中山忠能《なかやまただやす》らの公卿《くぎょう》と福井藩《ふくい》（福井県福井市）の前藩主・松平慶永《まつだいらよしなが》らの諸侯《しょこう》10名が任官。参与には、岩倉《いわくら》具視《ともみ》以下の公卿や、薩摩《さつま》藩（鹿児島県鹿児島市）の大久保利通《おおくぼとしみち》、西郷隆盛《さいごうたかもり》など雄藩《ゆうはん》の藩士が任命されました。

この小御所会議は官制を定めるだけの話し合いではありません。ほかに、大きな争点がありました。内大臣の職にとどまる徳川慶喜《とくがわよしのぶ》を、新政府に参加させるべきかどうか、徳川氏の直轄領《ちょっかつりょう》（旧幕領）の返納をどうするべきか、「辞官納地《じかんのうち》問題」が紛糾《ふんきゅう》したのです。

旧徳川将軍家の追討を主張する、公卿・岩倉具視や長州・薩摩の両藩は、徳川家の権《けん》威《い》が存続する限り、真の王政復古は不可能と考え、徳川慶喜に対して、内大臣の官位辞退と領地返上を求めました。

一方、武力衝突《しょうとつ》を恐《おそ》れた山内容堂《やまうちようどう》や松平慶永ら徳川擁護《ようご》派は、それに反対。会議の場にはいなかったものの慶喜自身も従来通りの政権運営に意欲を燃やし、政権から退くつもりはありませんでした。

しかしながら会議の末に、慶喜の辞官納地が決定。最後の将軍は政局を追われ、領地を奪《うば》われて失脚《しっきゃく》します。その後、徳川擁護派が辞官納地命令は「薩摩藩の陰謀《いんぼう》」として猛《もう》反発しました。

慶喜は辞官納地が決定した段階で、新政府と無用の衝突を避《さ》けるため、会津《あいづ》・桑名《くわな》らの佐《さ》幕《ばく》派諸藩とともに、京都から大坂へと移っていました。彼は大坂城で

そのころ、世界では？

1865年トルストイ『戦争と平和』を発表

ロシアの小説家レフ・トルストイは、1812年のナポレオンのロシア侵攻《しんこう》を背景に、自身の小説『戦争と平和』で、ロストフ家・ボルコンスキー家など貴族社会を中心としたロシア諸階層の運命を、壮大《そうだい》かつ克明《こくめい》に描《えが》きました。

イギリス公使のパークスや、フランス公使ロッシュなど欧米《おうべい》諸国の公使らと謁見《えつけん》を続け、領地返納には従わない、外交権は自分にある、と説明。そうして自陣《じじん》の主戦派（抗戦《こうせん》を主張する派閥《はばつ》）をなだめながら、復権の時を静かに待つつもりでした。

ところが、徳川家を日本から完全に排除《はいじょ》しなければ、新政府が樹立したとはいえない、と焦《あせ》る西郷や大久保など討幕派の面々が、どうにか旧幕府との抗戦の機会を得ようと画策したのです。1867年（慶応3年）12月25日、旧幕府方によって、

戊辰戦争の勢力図

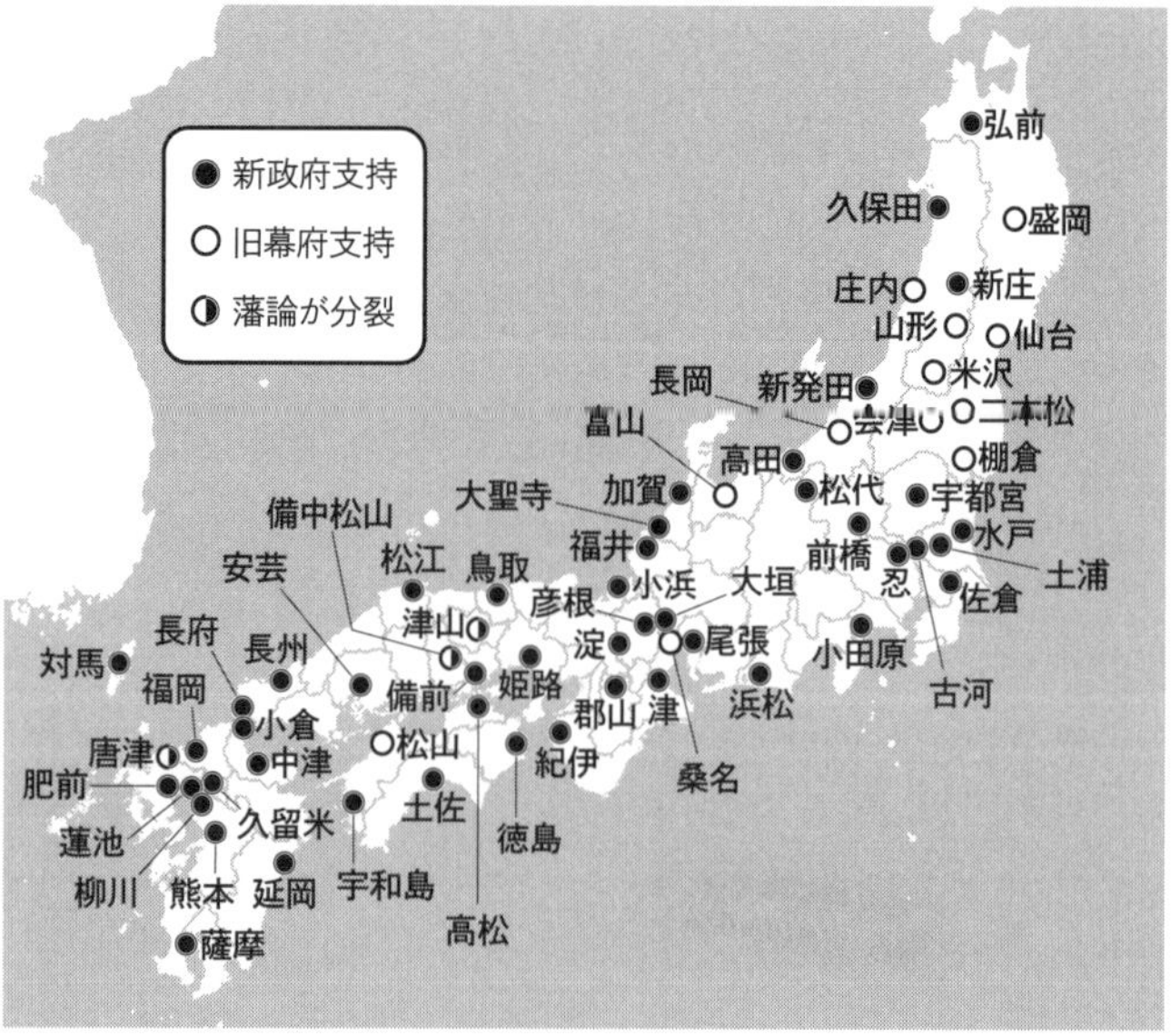

新政府支持
旧幕府支持
藩論が分裂
弘前
久保田
盛岡
庄内
新庄
山形
仙台
米沢
長岡
新発田
会津
二本松
富山
高田
棚倉
加賀
松代
宇都宮
大聖寺
前橋
水戸
備中松山
福井
土浦
松江
鳥取
小浜
大垣
忍
佐倉
安芸
彦根
津山
長府
淀
尾張
小田原
対馬
長州
備前
姫路
浜松
古河
福岡
小倉
郡山
津
唐津
中津
松山
紀伊
桑名
肥前
土佐
久留米
徳島
蓮池
柳川
熊本
延岡
宇和島
高松
薩摩

江戸薩摩藩屋敷が焼き討ちされました。

西郷はかねてより、全国の討幕・尊攘《そんじょう》派浪士《ろうし》を江戸に集め、市中の攪乱《かくらん》工作を行っていました。彼らに放火や強盗《ごうとう》などを働かせ、旧幕府方を挑発《ちょうはつ》したのです。この挑発に、江戸市中取締《とりしまり》の任にあった庄内《しょうない》藩（山形県鶴岡市）兵や諸藩兵が乗ってしまい、薩摩藩屋敷を焼き討ちした、というわけです。

大坂城内の旧幕府主戦派は、焼き討ちの一報で「薩摩を討つべし」と沸《わ》き返り、慶喜に出陣《しゅつじん》を迫《せま》りました。こうなれば戦う気のなかった慶喜も、出陣を認めざるを得ません。

翌1868年（慶応4年）1月1日、旧幕府は薩摩藩を討伐《とうばつ》するという「討薩の表」を発し、新政府軍への武力抗戦《こうせん》を表明。大坂城に後詰《ごづめ》兵5000を残し、1万5000の軍を大坂から京都へと進めました。西郷の狙い通り、新政府は徳川と戦いこれを討ち倒す好機を得たのです。

鳥羽・伏見《ふしみ》の戦い　―戊辰《ぼしん》戦争、はじまる―

旧幕臣、会津藩（福島県会津若松市）、桑名藩（三重県桑名市）を中心とした総勢1万5000人もの旧幕府軍は、慶喜の上京と朝廷参内を求めて、本営とする淀《よど》（京都府京都市伏見区）まで進軍。

迎《むか》え撃《う》つ新政府軍は、薩長両藩を主体とする約5000人。

1868年（慶応4年）1月3日、鳥羽街道を進む旧幕府軍の先鋒《せんぽう》はいったん小枝橋（京都府京都市伏見区）を渡《わた》りましたが、新政府軍の主力である薩摩藩軍と遭遇《そうぐう》。彼らに朝廷の裁可を仰《あお》ぐといわれ、やむなく旧幕府大目付の旗本・滝川具挙《たきがわともたか》の待つ赤池（京都府京都市伏見区）まで引き返します。

入京を巡《めぐ》って、旧幕府軍と新政府軍のにらみ合いが続きました。しかし午後5時ごろ、鳥羽《とば》離宮《りきゅう》の庭園跡《あと》に残る秋の山から、薩摩藩兵が砲撃《ほうげき》。これにより「鳥羽・伏見の戦い」がはじまりました。突然《とつぜん》の攻撃《こうげき》に対し、旧幕府軍は混乱。追撃《ついげき》を受けつつも、鳥羽街道を撤退《てったい》します。新政府軍は夜を迎《むか》えると、追撃をやめ、自陣《じじん》へ引き揚《あ》げました。

他方、伏見ではこの日、御香宮《ごこうのみや》（京都府京都市伏見区）を本陣《ほんじん》とする薩摩藩兵らと、その南に位置する旧伏見奉行所屋敷《ぶぎょうしょやしき》に陣《じん》する会津藩兵・新選組らの間で砲撃が交わされ、また市街では、両軍が入り乱れて激戦を繰《く》り広げました。

翌4日の未明、新政府軍の征討大将軍《せいとうだいしょうぐん》に任じられた仁和寺宮嘉彰親王が、薩摩藩兵らを従え、東寺の本営に入り、錦《にしき》の御《み》旗《はた》を翻《ひるがえ》しました。

錦の御旗は、朝敵を征伐《せいばつ》する際の、官軍の旗印です。これにより、状況《じょうきょう》は一変。薩長軍（西軍）が「官軍」、旧幕府軍（東軍）が「賊軍《ぞくぐん》」であると公にされたのです。錦の御旗を掲《かか》げた「天皇の軍勢」に弓を引くことはできないと、旧幕府軍のなかには離脱《りだつ》する者も出ました。

夕刻、旧幕府軍は態勢を立て直す拠点《きょてん》として、本営地にある淀《よど》

城《じょう》（京都府京都市）に入城を求めました。しかしこのとき、藩主の稲葉《いなば》正邦《まさくに》は幕府老中として江戸におり、その不在を理由に、淀藩（京都府京都市）家老の田辺権太夫《たなべごんだゆう》は、幕府軍の淀城入城を拒否《きょひ》しました。戦いに巻き込《こ》まれること、朝敵となることを恐《おそ》れたためでした。淀藩は譜代《ふだい》藩にもかかわらず、徳川を裏切り、新政府に恭順《きょうじゅん》の意を示したのです。

5日、富ノ森《とみのもり》や淀堤千両松《よどづつみせんりょうまつ》（京都府京都市）で、両軍が衝突《しょうとつ》。

千両松付近の激戦では、旧幕府軍屈指《くっし》の剣士《けんし》隊が新政府軍を待ち受け

鳥羽・伏見の戦い

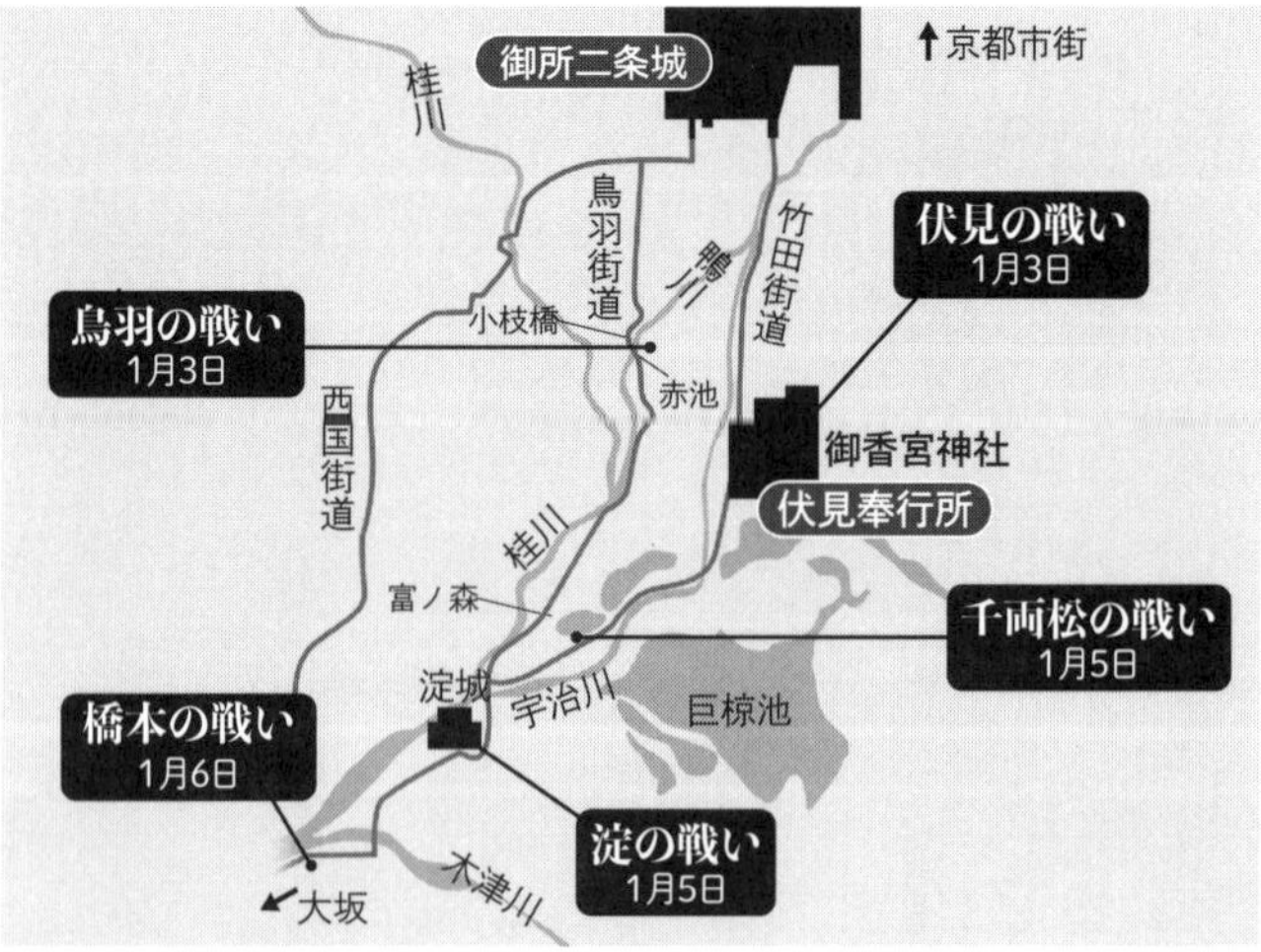

御所二条城
京都市街
桂川
鳥羽街道
竹田街道
鴨川
伏見の戦い
1月3日
鳥羽の戦い
1月3日
小枝橋
赤池
西国街道
御香宮神社
伏見奉行所
桂川
富ノ森
千両松の戦い
1月5日
淀城
宇治川
巨椋池
橋本の戦い
1月6日
淀の戦い
1月5日
木津川
大坂

ていました。そのなかには、土方歳三《ひじかたとしぞう》率いる新選組もいました。しかし、新政府軍の圧《あっ》倒《とう》的な戦力には敵わず、午後2時ごろ、旧幕府軍は敗走する結果となりました。

旧幕府軍からの離《り》反《はん》は、淀藩だけでは終わりませんでした。翌6日、津《つ》藩（三重県津市）も新政府軍に従います。この日、旧幕府軍では、淀川《よどがわ》の両岸に置かれた高浜砲台《たかはまほうだい》と橋本（楠葉《くずは》）砲台による、新政府軍への挟撃《きょうげき》計画がありましたが、寝返《ねがえ》った津藩は正午すぎ、対岸の旧幕府軍へ発砲《はっぽう》を開始しました。旧幕府軍はあえなく敗走。

旧幕府軍はこの戦い以前から、フランス式の軍制を導入し、訓練に励《はげ》んでいました。それにもかかわらず敗走が続いたのは、高価なオランダ製ゲベール銃《じゅう》、イギリス製エンピール銃を揃《そろ》えながら、幕府の財政難で、その火薬を大量に入手することができなかったためです。実弾《じつだん》での演習が不十分で、さらには大政奉還となり、訓練も中止されたことから、彼らは洋式銃の扱《あつか》いに不慣れなまま、戦争に臨んでいました。兵数は新政府軍に勝っても、劣勢《れっせい》はやむを得ないものだったのです。

津藩が裏切った同日6日、旧幕府軍の相次ぐ敗報に、慶喜は江戸帰還《きかん》と恭順謹慎《きんしん》を決意しました。夜10時ごろ、会津藩主・松平容保《まつだいらかたもり》と、桑名藩主・松平定敬《さだあき》ら数名を従えて、

戊辰戦争の経緯

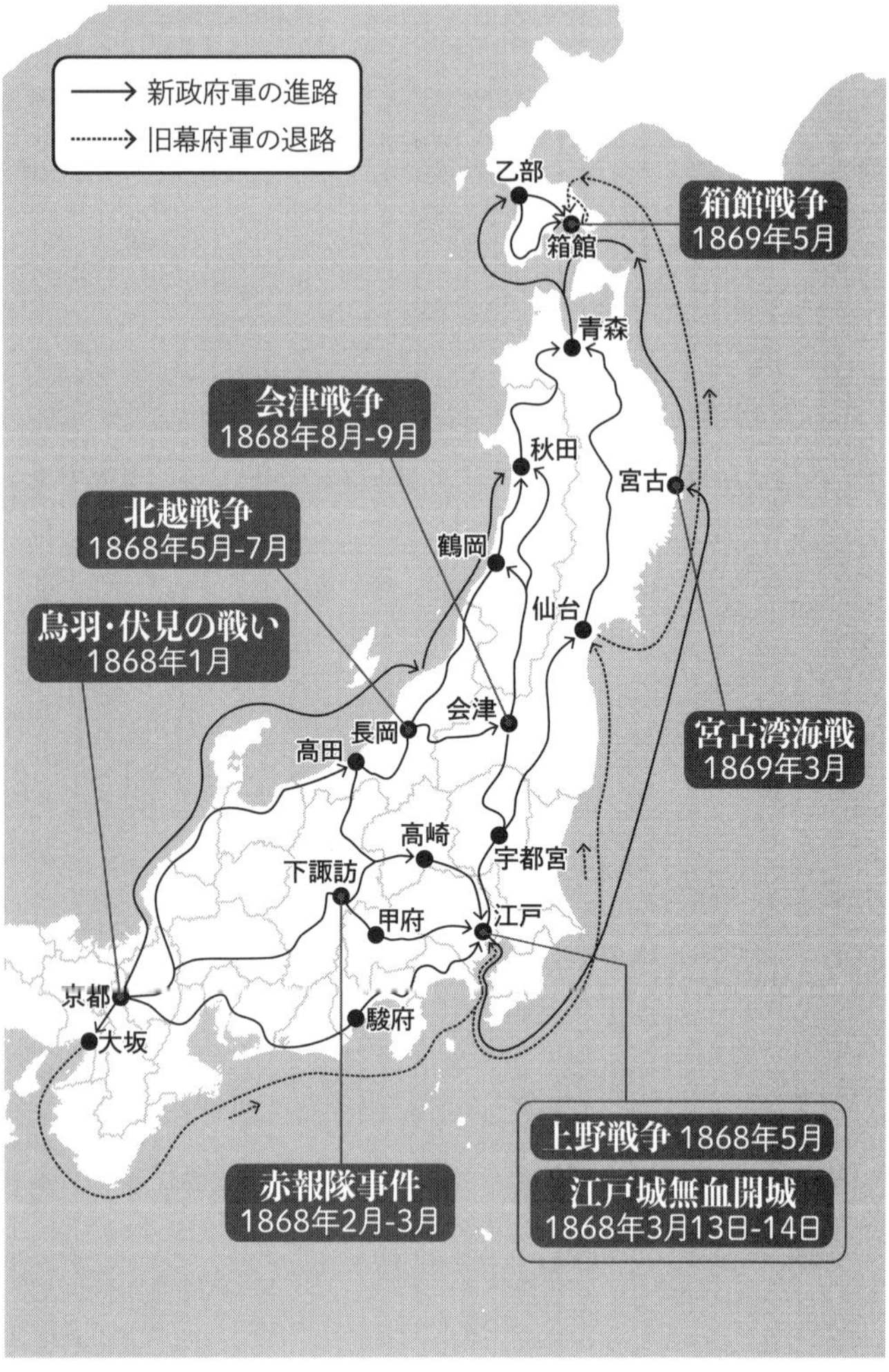

新政府軍の進路
旧幕府軍の退路
乙部
箱館
箱館戦争
1869年5月
青森
会津戦争
1868年8月-9月
秋田
宮古
北越戦争
1868年5月-7月
鶴岡
仙台
鳥羽・伏見の戦い
1868年1月
会津
長岡
高田
宮古湾海戦
1869年3月
高崎
宇都宮
下諏訪
甲府
江戸
京都
駿府
大坂
上野戦争 1868年5月
江戸城無血開城
1868年3月13日-14日
赤報隊事件
1868年2月-3月

密かに大坂城《おおさかじょう》（大阪府大阪市）を脱出《だっしゅつ》しました。慶喜は自らの兵を戦地に残したまま、軍艦開陽丸《ぐんかんかいようまる》で海路を江戸に向けて逃亡《とうぼう》したのです。

これを知った旧幕府軍は瓦解《がかい》し、戦いは終結。続いて新政府より追討令が発せられ、慶喜は官位を剝奪《はくだつ》。旧幕府領は直轄《ちょっかつ》とされました。

2月半ばに、慶喜は江戸城から上野の寛永寺《かんえいじ》（東京都台東区）に移りました。新政府軍に恭順謝罪の書を提出し、謹慎生活に入ったのです。旧幕府では、強硬派最右翼《きょうこうはさいうよく》の軍奉行並・小栗忠順《おぐりただまさ》が新政府への抗戦《こうせん》を主張しましたが、慶喜はその意見を退けました。

戊辰の年の「鳥羽・伏見の戦い」ではじまった、この新政府軍と旧幕府軍の争い「戊辰戦争」は、こののち上野・会津・箱館（北海道函館市）などに戦地を変えて約16ヶ月にわたり続きます。そのうち、次の「上野戦争」開戦に至るまで、旧幕府方は徳川家（旧徳川将軍家）の存続をかけて奔走《ほんそう》しました。

column 6

岩倉使節団

不平等条約の改正に挑戦した新政府

安政5カ国条約（米蘭露英仏）をはじめとして、幕末期に結ばれた諸国との修好通商条約は、領事裁判権を認める・関税自主権がないなど、日本にとって不平等なものでした。

そこで新政府は、同条約をより有利なものに是正しようと、欧米《おうべい》本国での予備交渉《こうしょう》、近代的制度の調査・研究を決定します。そして1871年（明治4年）11月、右大臣・岩《いわ》倉《くら》具視《ともみ》を特命全権大使として、参議・木戸《きど》孝允《たかよし》、大蔵卿《おおくらきょう》・大久保《おおくぼ》利通《としみち》、工部大輔《だいふ》・伊《い》藤《とう》博文《ひろぶみ》、外務少輔《しょうゆう》・山口尚芳《やまぐちひさよし》を副使とする使節団を、欧米《おうべい》に派遣《はけん》しました。

総勢107名の使節団には、のちに女子英学塾（後の津田塾大学）を設立することになる、津田梅子《つだうめこ》（当時8歳《さい》）ら女子留学生5名も同行。一行は横浜を出航後、約1年10ヶ月をかけて、アメリカ・ヨーロッパ12カ国を

使節団のルートとおもな陣客

1872年7月14日
リバプール
サンクトペテルブルク
パリ
マルセイユ
セイロン
サイゴン
香港
上海
横浜
出発1871年11月12日
帰国1873年 9月13日
サンフランシスコ
1871年12月6日
1872年6月28日
ボストン
ニューヨーク
リバプールへ
ワシントン
1872年1月21日

使節団の陣客

特命全権大使	**岩倉具視**
副使	**木戸孝允、大久保利通、伊藤博文、山口尚芳**
通訳	**新島襄** など使節46名　随員18名
留学生	男性：**中江兆民**（フランス）、**団琢磨**（アメリカ） **牧野伸顕**（アメリカ）など40名
	女性：**津田梅子**（アメリカ）、**山川捨松**（アメリカ）　など3名

歴訪しました。

しかし、肝心《かんじん》の条約改正交渉は失敗に終わります。米国公使デ・ロングや英国公使パークスなどが、使節団案内という名目で帰国し、日本側の主張に反論し、交渉に圧力をかけたのです。日本にいる各国の公使は、幕府・新政府の内政や外交に強い影響《えいきょう》力を持っていました。そのため使節団は、渡米して彼ら駐日公使の干渉《かんしょう》から逃れ、自分たちで直接、本国政府へ条約の不平等を訴《うった》えるつもりでした。しかし公使らは帰国してまで改正交渉に介入し、使節団を妨害《ぼうがい》したのです。

政府はこの後、不平等条約の撤廃《てっぱい》に約40年の時を要し、明治44年に条約を改正します。

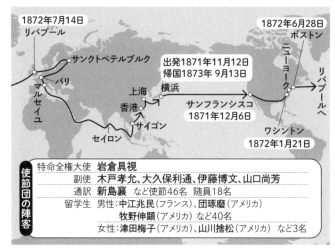

徳川家存続の切願 ―江戸無血開城・五箇条《ごかじょう》の御誓文《ごせいもん》―

戦いが終結しても、新政府軍は殺気に満ちて江戸に迫《せま》り、慶喜を斬《き》るべし、国家・朝廷を立てるべしと声をあげました。一方これを聞いた旧幕府方も怒《いか》り、戦おうとする者が多く、両軍の緊張《きんちょう》は極限状況になりました。

事態はもはや一触即発《いっしょくそくはつ》。新政府軍が江戸城（東京都千代田区）総攻撃《そうこうげき》を仕掛《しか》ければ、激しい市街戦で江戸が火の海となり、町民に甚大《じんだい》な被害《ひがい》が及ぶのは、誰《だれ》の目にも明らかです。

慶喜に後事を託《たく》された、勝海舟《かつかいしゅう》や山岡鉄舟《やまおかてっしゅう》ら旧幕臣らは、実質的な新政府軍の指揮官を務める西郷と接触《せっしょく》し、江戸城総攻撃の中止を模索《もさく》しました。

江戸城総攻撃を回避《かいひ》しようとしたのは、彼ら旧幕臣だけではありません。13代将軍・家定の正室だった天璋院《てんしょういん》（篤姫《あつひめ》）や、14代家茂《いえもち》の正室だった静寛院宮《せいかんいんのみや》（和宮《かずのみや》）ら大奥《おおおく》の女性たちも、徳川家の存続を願い、幕臣たちの助命を求めて、嘆願《たんがん》に尽力《じんりょく》しました。

彼女たちはこの間、懸命に嘆願書をしたため、幾度《いくど》も新政府に送っています。例えば、天璋院の西郷への書状は、慶喜の非難ではじまり、新政府への恭順の意を示し、徳川家の存続を自らの命に替えてもと、願うものでした。

和宮が降嫁《こうか》して大奥へやって来たころ、天璋院と和宮の関係はよくありませんでした。天璋院が規律を重んずるのに対し、和宮は物事にこだわらず、しかしその生まれから、ふるまいや威光《いこう》は天璋院を上回っていたため、それぞれの女中たちが張り合った、といわれます。

それでも、対立は徐々におさまっていきました。天璋院と静寛院宮はこの一大事にあたって、徳川家存続のために協力して、新政府と「外交」を展開しました。

2人は家中に対しても、「大奥初」の法令を出し、とにかく新政府に不敬のないよう、たとえ徳川家に忠義の気持ちがあっても、朝廷への恭順の意を失わないよう、徹底《てってい》して言い聞かせています。「外交」を成功させるため、最後まで油断できない状況でした。

慶喜が上野に移った翌月、1868年（慶応4年）3月5日、2人の旧幕臣・勝海舟と山岡鉄舟が、会談の場につきました。

山岡は、身長180センチを超《こ》える大男です。彼は西郷によく似た性格の持ち主でした。豪快《ごうかい》で、敵味方なく人望を集めた山岡は、どのような半生を送ってきたのでしょうか。

山岡は旗本・小野朝右衛門《ちょうえもん》の四男として、本所（現在の東京都墨田区）に生まれましたが、10代で両親をなくし、5人いた弟たちと貧しい暮らしを送りました。婿《むこ》入り先の山岡家でも幕府の役職に就く機会はなく、さらに困窮《こんきゅう》しました。

しかし彼は、江戸で1、2を争う武芸者でした。黒船来航以後の政情不安で、武士たちの武術熱が高まると、山岡はその威圧感《いあつかん》十分な佇《たたず》まいと、優れた剣術《けんじゅつ》の才で注目され、幕府講武所の世話役に取り立てられます。

家茂上洛《じょうらく》の際には、警護を目的に結成された浪士組の取締役《とりしまりやく》として京都に同行。ところが浪士組発起人の清河八郎《きよかわはちろう》が尊攘《そんじょう》派としての立場を鮮明にしました。警戒《けいかい》した幕府は、浪士組を解散させ、山岡を謹慎《きんしん》処分にしました。

その後、倒幕《とうばく》派が勢力を増したため、戦力増強に力を入れた幕府は、剣豪《けんごう》である山岡を赦免《しゃめん》。山岡は新設された精鋭《せいえい》隊の歩兵頭格《ほへいがしらかく》となりました。その後、江戸城総攻撃が目前となったこの時期には、若年寄格に「出世」しています。

上野で謹慎を続ける慶喜は、新政府軍に恭順の意を伝える使者を幾度《いくど》も遣《つか》わしましたが、ことごとく無視され、新政府軍の江戸への進軍を止められずにいました。それならば、と使者の大役を果たせる人物として、選ばれたのが山岡でした。

慶喜に謁見《えつけん》した山岡は、その後、勝とはじめて顔を合わせ、交戦回避《かいひ》の相談をしました。そして新政府に談判を行うため、駿府《すんぷ》（静岡県静岡市）まで進軍していた新政府軍の陣営《じんえい》に、命を賭《と》して赴《おもむ》くことになったのです。新政府は、すでに江戸城総攻撃の日を3月15日と決定しています。急がなければなりません。

3月9日、山岡は新政府軍の陣中までたった1人で入り込み、「朝敵、徳川家家臣、山岡鉄太郎まかり通る！」と声を張り上げて通称《つうしょう》を名乗ったといいます。

そのころ、世界では？

1869年スエズ運河が開通

フランスの元外交官レセップスが、エジプトの許可を得て、地中海と紅海を結ぶスエズ運河を完成させました。これによりエジプトの軍事的・経済的重要性は飛躍的《ひやくてき》に増大。イギリスの支配下にあったこの運河は、1956 年にエジプトが国有化しました。

もちろん周囲には敵兵しかいません。しかし彼らは、山岡の堂々とした態度に気圧されて、思わず道を空けました。こうして山岡は、新政府の下参謀《しもさんぼう》・西郷隆盛と相まみえたのです。

山岡は勝海舟の書を西郷に渡し、慶喜の処遇、江戸城の明け渡しや幕府の軍艦《ぐんかん》・武器などの引き渡しについて話し合いました。面会した西郷は、何か自分に通じるものを感じたのか、山岡という人物にすっかり魅了《みりょう》され、勝の条件に合意。山岡の肝《きも》の据《す》わりぶりが、敵対する新政府側にも信頼《しんらい》されたのです。

会談の最後、山岡は江戸での西郷・勝会談の開催《かいさい》を打診《だしん》。江戸城総攻撃直前の3月13日、西郷と勝の対面が実現しました。この会談で西郷は、大奥や勝の嘆願を聞き入れ、徳川の家名存続、慶喜の水戸での謹慎、すべての軍備を新政府に引き渡すことなどを条件に、戦わずに城を受け渡す「江戸無血開城」を決定しました。これにより総攻撃も中止。この中止に関しては、勝から新政府への協力拒否を要請されたイギリス公使のパークスが、日本との貿易に支障がでることを懸念《けねん》し、新政府に圧力をかけたことも影響しました。

翌14日、明治天皇は「五箇条の御誓文」を発布。天皇を国家の中心とする、明治新政府の政治理念・基本方針を示しました。

一、広ク会議ヲ興シ万機公論ニ決スベシ

（会議を開いて、何においても公の議論によって決めましょう）

一、上下心ヲ一ニシテ盛ニ経綸《けいりん》ヲ行フベシ

（上に立つ者も下に立つ者も、心をひとつに合わせて国を治めましょう）

一、官武《かんぶ》一途《いっと》庶民《しょみん》ニ至ル迄《まで》各其《その》志ヲ遂《と》ゲ人心ヲシテ倦《う》マザラシメン事ヲ要ス

（官史も武士も庶民《しょみん》も、それぞれの志を遂《と》げ、やる気を失うことがないようにしましょう）

一、旧来ノ陋習《ろうしゅう》ヲ破リ天地ノ公道ニ基《もとづ》クベシ

（しきたりに囚《とら》われず、世界に通ずる普遍《ふへん》的な道理に基づいて行動しましょう）

一、智識《ちしき》ヲ世界ニ求メ大ニ皇基ヲ振起《しんき》スベシ

（知識を広く海外に求めて、日本という国を大いに発展させましょう）

新政府はその後、王政復古の大号令によって設置された三職（総裁、議定、参与）の官制に変更《へんこう》を加えました。同年4月に頒布《はんぷ》され、政府の目的や組織原理、官制などを定めた「政体書」という法令をもとに、三権分立による太政官制を組織したのです。その後1871年（明治4年）には、三院制（正院、左院、右

そのころ、世界では？

1870年普仏戦争が勃発

スペインの王位継承《けいしょう》問題を発端《ほったん》に、ビスマルク率いるプロイセンと、ナポレオン3世のフランスが争いました。結果、プロイセンが大勝して、フランスは賠償金《ばいしょうきん》50億フランを支払《しはら》いました。フランスの第二帝政《ていせい》は崩壊《ほうかい》し、第三共和政が発足しました。

院）を導入。１８８５年（明治18年）の内閣制度発足に至るまで、中央では官制改革が繰《く》り返されました。

なお、１８６８年の「五箇条の御誓文」発布から約４ヶ月後の明治元年７月17日、江《え》戸《ど》は「東京」と改称《かいしょう》します。新政府は江戸への遷都《せんと》を計画していましたが、京都の公家や民衆の反発を抑《おさ》えるために、まずは東の都として、名を東京に変えたのです。

続いて９月８日には改元が行われ、年号も明治と名を改めました。これまで、改元は事件や災害などを理由に行われましたが、「一世一元の制」が定まり、天皇の在位中は年号を改めないことにしました。新政府はこの時期、現代日本の基礎となるさまざまな社会制度を整えていったのです。

勝・西郷の会談の翌月、新政府軍は４月11日に江戸城を接収。城の管理は尾張《おわり》藩（愛知県名古屋市）が担いました。この「江戸無血開城」は、江戸時代を通じて蓄積《ちくせき》・強化してきた江戸の首都機能を、新政府がほぼ無傷で受け継いだことを意味します。

その後、徳川慶喜は上野・寛永寺から水戸（茨城県水戸市）へ移りました。最後の将軍となった慶喜は、水戸で謹慎生活を送ったのち静岡に移り、１８９７年（明治30年）

に東京へ移住、明治天皇への拝謁《はいえつ》を許され、公爵《こうしゃく》に叙爵《じょしゃく》されます。静岡時代からの慶喜は、趣味《しゅみ》の狩猟《しゅりょう》や写真撮影《さつえい》に明け暮れる、平穏《へいおん》な日々を過ごしたそうです。

近藤勇《こんどういさみ》の最期 ―甲州勝沼《こうしゅうかつぬま》の戦い―

江戸無血開城と同じ月、徳川家に忠誠を誓《ちか》ったある男が新政府軍によって江戸の板橋で処刑《しょけい》され、その首が京都・三条河原（京都市中京区）に晒《さら》されました。

慶喜が江戸に逃亡《とうぼう》する直前の軍議で、「東照宮（徳川家康）に申し訳が立ちません」と撤退《てったい》論に猛《もう》反対した人物、新選組局長・近藤勇です。

近藤は江戸に帰還すると、今後の防衛のために要衝《ようしょう》の甲府《こうふ》城（山梨県甲府市）を守るべきと主張。名を「甲陽鎮撫《こうようちんぶ》隊《たい》」と改めた新選組に、八王子千人同心《せんにんどうしん》らを加え、3月に入ってすぐ、200人ほどの軍勢で江戸を出立しました。このとき勝海舟ら旧幕臣は、近藤が恭順路線を妨《さまた》げると考え、軍資金と武器を渡し、体よく江戸から追い払《はら》う形で送り出したともいわれています。

対する新政府は、土佐《とさ》藩士の板垣退助《いたがきたいすけ》を将とする新政府軍支隊を甲府城へ向けて派遣《はけん》。

板垣は、藩主・山内容堂の側用人として出世し、薩土同盟締結《さつどどうめいていけつ》に尽力《じんりょく》した人物でした。明治4年には新政府の参議ともなる、新政府の要人です。

板垣の隊は3月5日に、早くも甲府城を接収。明けて6日、彼らはやって来た甲陽鎮撫隊と、甲州柏尾《かしお》（山梨県甲州市）で衝突《しょうとつ》しました（甲州勝沼の戦い）。

しかし、甲陽鎮撫隊では脱走《だっそう》が相次ぎ、数を120人前後まで減らしていました。それに対して板垣らは1500人と多勢で、甲陽鎮撫隊は瞬《また》く間に総崩《そうくず》れとなり、あえなく敗

新選組の軌跡

1862年	14代将軍徳川家茂上洛の警護のため「浪士組」募集
1863年	警護部隊「浪士組」警護のため京都へ
	浪士組の一部メンバーで「壬生浪士組」を結成
9月	「壬生浪士組」改め「新選組」結成
	以後5年、京都市中の治安維持に当たる
1864年	池田屋事件において、尊王攘夷派のクーデーターを阻止
1867年	「**大政奉還**」
	新選組も京都市中の見回りの任を解かれ、伏見奉行所の警備に移る
	近藤勇、伏見で銃撃され重傷　伏見の警備は土方歳三に任される
1868年	「**戊辰戦争が始まる**」
	新選組多数の死者が出る。
	近藤勇処刑
1869年	「**旧幕府軍降伏、戊辰戦争終結**」

北。

近藤は旧幕府に、甲府城を確保できたら大名にする、と約束されていました。農民階層出身の彼にとっては大変な栄誉《えいよ》です。しかし大名の地位まであと一歩、というところで、夢破れてしまいました。残された新選組の者たちの中には、土方をはじめ彼の遺志を継ぎ、戊辰戦争を最後まで戦う者もいました。

彰義隊《しょうぎたい》の抵抗《ていこう》 ―上野戦争―

1868年（慶応4年）3月、江戸無血開城が決まったものの、旧幕臣のなかには、新政府軍との抗戦《こうせん》を主張する「主戦派」がまだ大勢いました。

慶喜への追討令に激昂《げっこう》した彼らは、2月の時点で「彰義隊」を結成します。彰義隊は旧幕府首脳から江戸市中取締《とりしまり》に任命され、慶喜が謹慎していた上野寛永寺を拠点《きょてん》として、江戸の治安維持《いじ》に奔走《ほんそう》しました。慶喜が水戸へ移った後も上野に残り、隊は新政府に不満をもつ旧幕臣や諸藩の志士らを吸収、総勢3000人を超《こ》える組織へと発展しました。

旧幕臣の勝海舟が解散を促《うなが》しても、彼らは耳を貸しませんでした。

　彰義隊頭取（隊長）の渋沢成一郎《しぶさわせいいちろう》は、隊士らに退去しようと訴《うった》えましたが内部決裂《けつれつ》して脱退《だったい》。主戦論者の副頭取・天野八郎《あまのはちろう》が隊の実権を握《にぎ》ると、新政府も彰義隊に対する警戒《けいかい》を強めていきました。

　ここでまた戦火を交えれば、江戸城を無血開城した意味がありません。西郷隆盛は新政府の東征《とうせい》軍参謀として、彰義隊に対し武装解除を何度も要求しました。

　しかし彰義隊は態度を硬化《こうか》させるばかりで、新政府軍の兵士と小競り合いが頻発《ひんぱつ》。彼らの無法行為《こうい》に堪《た》えかねた新政府は、軍の指揮官として大村益次郎《おおむらますじろう》を招き、5月14日、彰義隊討伐《とうばつ》の命を下します。

　翌日、新政府軍は寛永寺を包囲し、総攻撃を決行し

そのころ、世界では？

1871年ドイツ帝国《ていこく》が成立

普仏《ふふつ》戦争の講和に先立ち、優位に立ったプロイセン王ヴィルヘルム1世がドイツ皇帝《こうてい》に即位《そくい》。現在のドイツ連邦共和国・ポーランド・フランス・デンマーク等の領域にあった22君主国と3自由市が統一され、ドイツ帝国が成立しました。

ました。

彰義隊では、戦いに臆《おく》した兵士が戦闘《せんとう》前から相次いで離脱《りだつ》し、隊の総勢はわずか100ほどにまで減少していました。一方、新政府軍は総勢約1万。彼らはこの日未明、雨のなかを上野山内（東京都台東区）に屯集《とんしゅう》する彰義隊に向かって進軍を開始、やがて激しい銃砲《じゅうほう》戦を展開しました。

指揮官の大村は薩摩藩兵を最前線で戦わせ、その上野の山に、本郷に据《す》えた佐賀藩（佐賀県佐賀市）のアームストロング砲を撃ち込ませました。この危険な作戦には、桐《きり》野《の》利秋《としあき》ら薩摩藩士らが反対しましたが、結果的には砲弾《ほうだん》のすさまじい威力《いりょく》が敵を圧倒《あっとう》、戦闘の迅速《じんそく》な終結につながりました。

同日午後2時ごろ、新政府軍が山内に突入《とつにゅう》し、彰義隊は撤収《てっしゅう》、敗走。戦いは1日で決しました。新政府軍の戦死者は36人、彰義隊の戦死者は200人強。新頭取の天野八郎は、その後7月に捕縛《ほばく》され、獄死《ごくし》。彰義隊の敗残兵は、旧幕府海軍副総裁だった榎本《えのもと》武揚《たけあき》率いる旧幕府軍に加わりました。

戊辰戦争における関東での戦乱は、この年、甲州勝沼の戦い・上野戦争のほかにも、各地で発生しました。

「小山の戦い」(4月16日)では、旧幕府歩兵頭・大鳥圭介《おおとりけいすけ》率いる伝習歩兵隊と新政府軍が小山宿(栃木県小山市)で衝突。その大鳥軍から、新選組・土方歳三が100余名を引き連れ、「宇都宮城の戦い」(4月19日)に参戦しました。合流した大鳥隊と土方らは、新政府軍の猛攻《もうこう》に善戦しましたが、日光へと撤退《てったい》。再起を図り、会津へと向かいました。

また、「箱根山崎《はこねやまさき》の戦い」(5月26日)では、請西藩《じょうざい》(千葉県木更津市)の藩主・林忠崇《はやしただたか》が、大名にもかかわらず自ら脱藩《だっぱん》し、旧幕臣の伊庭八郎《いばはちろう》・人見勝太郎《ひとみかつたろう》率いる遊撃隊《ゆうげきたい》に合流、新政府軍に刃《やいば》を向けました。遊撃隊は必死に抵抗《ていこう》を続けましたが、敗北。その後、榎本武揚率いる旧幕府軍と合流して北へ向いました。

東北諸藩の決起 —奥羽越列藩同盟《おううえつれっぱんどうめい》—

鳥羽・伏見の戦いの後、新政府は、前将軍・徳川慶喜とともに会津藩主・松平容保を朝敵と見なしました。1868年（慶応4年）1月17日には、仙台藩主・伊達《だて》慶邦《よしくに》に会津藩追討令が下命。同日、米沢《よねざわ》藩（山形県米沢市）・盛岡《もりおか》藩（岩手県盛岡市）・久保田《くぼた》藩（秋田県秋田市）にも、同様の命令書が届けられました。

それを受けて容保は、自身の家督《かとく》を養子に譲《ゆず》って隠《いん》居《きょ》・謹慎すると決定。また江戸藩邸に家臣を集め、主君・慶喜の命令とはいえ、鳥羽・伏見の戦いで置き去りにしてしまった彼らに、心から謝罪をしました。藩主が藩士に頭を下げるという異例の行為に家臣たちも敬服し、容保とともに会津へ戻《もど》ります。

さらに容保は、皇族の輪王寺宮公現入道《りんのうじのみやこうげんにゅうどう》親王に朝廷への嘆願《たんがん》を依頼《いらい》。そして家老の名で、朝廷をはじめ尾張・紀州・肥後・土佐など22藩に嘆願書を送り、和平

そのころ、世界では？

1874年日本軍が台湾《たいわん》に出兵

台湾の先住民族が、漂着《ひょうちゃく》した宮古島民を殺害し、それを名目に明治政府が台湾へ兵を向けました（台湾出兵）。一時は清（中国）との開戦危機に陥《おちい》りながらも、和議が成立し、撤兵《てっぺい》。この派兵は、その後の日本の台湾植民地支配の道を開きました。

の仲立ちを懇願《こんがん》します。ですが、新政府の力は絶大で、いずれの藩からも返答はありませんでした。

一方、東北地方では、会津藩が救済措置《そち》を受けられるように、諸藩が奔走《ほんそう》しました。同年4月10日には、庄内藩が会津藩と同盟を締結《ていけつ》。閏《うるう》4月12日には、仙台・米沢の両藩が連名で、会津藩への寛大《かんだい》な処置を求め、新政府軍奥羽《おうう》鎮撫《ちんぶ》総督《そうとく》を務める九条道孝《くじょうみちたか》に嘆願書を提出しました。東北諸藩は結束して、新政府軍の侵攻を抑えようとしたのです。

しかし、新政府は彼らの嘆願を拒否《きょひ》し、同月17日、会津討ち入りを決定。

仙台藩は、奥羽鎮撫総督府参謀《さんぼう》として藩内に入った世良修蔵《せらしゅうぞう》の殺害をもって、反新政府の立場を表明しました。会津藩への恭順説得にあたっていた仙台藩士が20日、赦免《しゃめん》の嘆願を世良に断られたことで激昂《げっこう》し、襲撃《しゅうげき》に及《およ》んだのです。ついに交戦するしかない状況となり、5月3日、東北諸藩は「奥羽列藩同盟」を発足。

仙台藩主・伊達慶邦と米沢藩を盟主として、同盟には、東北諸藩25藩が参加しました。その後、越後6藩（新発田・長岡・村上・村松・三根山・黒川藩）が加盟し、同盟は「奥羽越列藩同盟」に発展。ここに大鳥圭介率いる旧幕府軍や、土方歳三を擁する新選

奥羽越列藩同盟5月と9月の比較

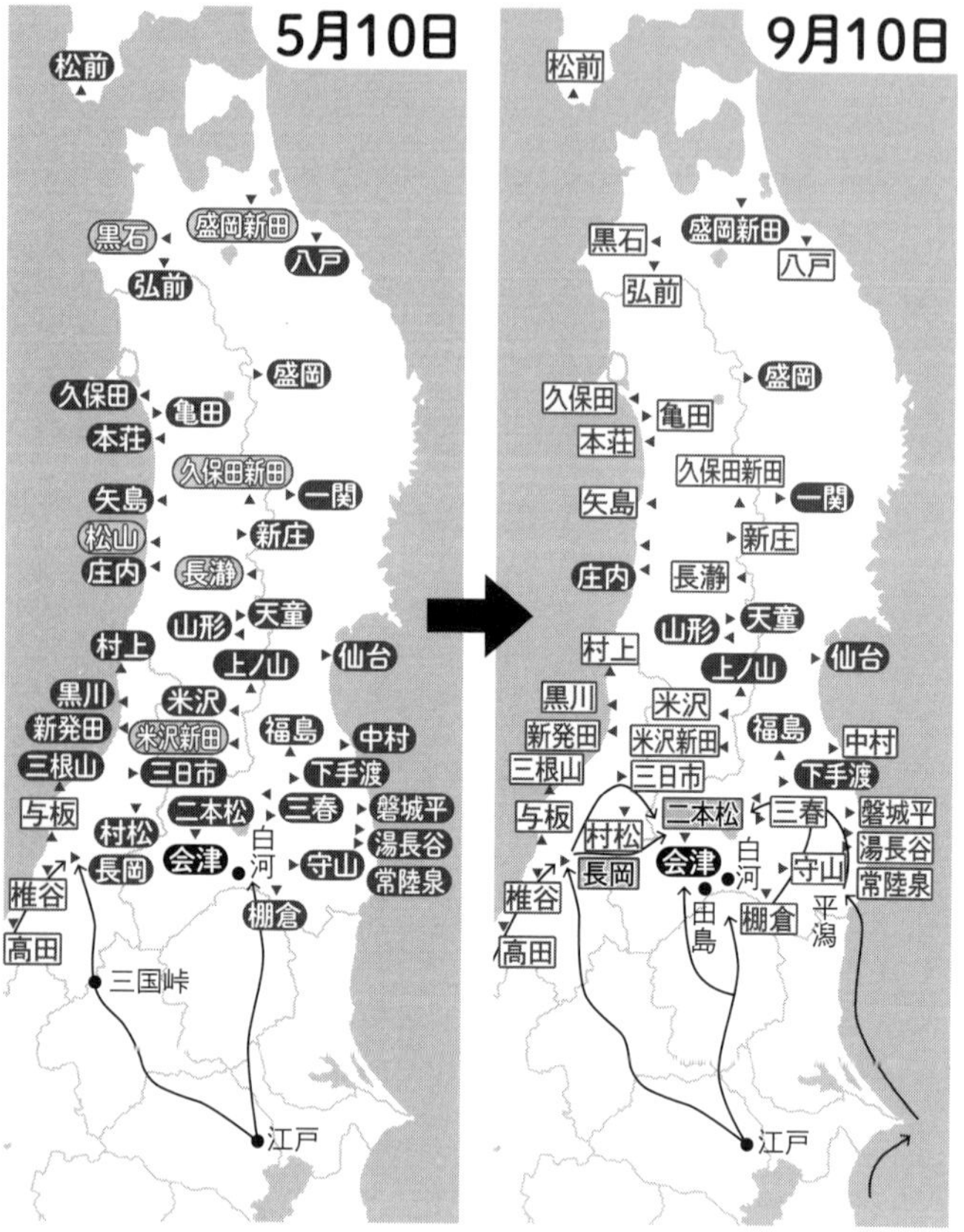

藩名　同盟加盟藩　　藩名　新政府軍協力藩

藩名　同盟協力藩　　藩名　新政府軍に占拠された藩

→　新政府軍進路

組の残党も参加しました。東北諸藩は新政府軍の侵攻に備え、着々と戦力を強化していったのです。

なお、この「奥羽越列藩同盟」は、盟約でその結成理由を、新政府軍奥羽鎮撫総督・九条道孝への恭順の意である、と示しました。「会津征討は天皇の意志ではなく、薩長の私怨《しえん》である。よって同盟の戦いは、官軍から薩長という悪を取り除くことにあり、天皇に逆らうものではない」という前提を取ったのです。九条は同盟にとって、この前提を強化する存在であり、朝廷とつながる唯一《ゆいいつ》のパイプでした。

ところがその九条が、奥羽諸藩の実情を朝廷に報告するという名目で、5月18日に仙台を離《はな》れ、庄内征討のために秋田まで来ていた奥羽鎮撫副総督・沢為量《さわためかず》のもとへ、去ってしまいます。そこで同盟は、九条に代わる新たな存在を必要とし、輪王寺宮公現入道親王を盟主に迎えました。

7月10日、輪王寺宮は「天皇のために薩長を排除《はいじょ》する」と、全国10万石以上の大名に対して、声明文で発表。会津戦争は、これをもとに行われました。

関東を制圧した新政府も、いよいよ東北への侵攻を本格化させます。

ガトリング銃の威力《いりょく》 ―北越《ほくえつ》戦争・長岡城の戦い―

越後《えちご》の長岡藩（新潟県長岡市）では、家老の河井継之助《かわいつぎのすけ》らが新政府側との会津藩との和睦《わぼく》を仲介《ちゅうかい》させてほしい、と5月2日に申し出ていました。しかし、これを新政府側が拒否《きょひ》したことから、河井は激怒《げきど》。新政府軍との交戦を決め、2日後には奥羽列藩同盟に加入。長岡藩と新政府軍の戦端《せんたん》が開かれることになりました。

5月10日、長岡藩兵が三国街道の榎峠《えのきとうげ》（新潟県長岡市）を占領《せんりょう》する新政府軍を攻撃し、「北越戦争」が開戦。双方《そうほう》は郊外《こうがい》の朝日山奪取《だつしゅ》を巡《めぐ》って、激しい戦闘を繰《く》り広げました。

河井はもともと、新政府と会津に対して中立の立場を貫《つらぬ》くつもりで、その信条を守るために、スイス人貿易商からガトリング銃（手動操作の機関銃）を2挺購入《こうにゅう》していました。長岡藩の近くには新潟港があり、新型兵器も容易に手に入れることができたのです。北越戦争の緒戦《しょせん》は、ガトリング銃を有し、地理にも詳《くわ》しい長岡藩側が勝利しました。

ところが5月19日、兵を出して手薄《てうす》になっていた居城・長岡城（新潟県長岡市）が、新政府軍によって陥落《かんらく》。河井は藩兵と共に領内各地に出没《しゅつぼつ》し、徹底抗戦《てっていこうせん》の構えを見せました。7月24日には、新政府軍の隙《すき》を狙《ねら》って長岡城を急襲《きゅうしゅう》、奪回《だっかい》に成功。

しかし29日に、新政府軍が再び長岡城を陥落させると、河井は撤退《てったい》を決断しました。

その後、彼は会津に向かったものの、長岡城奪還《だっかん》の際の傷が悪化し、会津への途中、容体が急変、命を落としてしまいました。

悲劇の総力戦 ―会津戦争―

1868年（慶応4）5月、新政府軍は、会津軍の守る奥羽の入り口・白河（福島県白河市）を突破《とっぱ》すると、兵力を整えたのち、二本松藩（福島県二本松市）に進軍し、7月29日に総攻撃を敢行《かんこう》。対する二本松藩は、少年から老人まで総動員して抗戦《こうせん》しました。

少年たちによる砲撃《ほうげき》隊は、隊長・副隊長のほかは全員が12歳《さい》から17歳という若年者による編成で、63人に及《およ》びました（二本松少年隊）。少年隊は、進撃《しんげき》してくる新政府軍に善戦しましたが、新政府軍の銃弾《じゅうだん》に相次いで倒《たお》れ、城は開戦同日の29日に陥落《かんらく》。隊は63人中、20人近くが戦死するという、痛ましい結果となりました。

二本松の落城後、新政府軍は、8月21日、母成峠《ぼなりとうげ》（福島県郡山市と猪苗代町《いなわしろまち》の間）に集結。わずか1日で峠を落とし、いよいよ会津藩領内（福島県会津若松市）に踏み込みます。

容保は、母成峠の敗報を受けると、軍を督励《とくれい》するために滝沢村（福島県会津若松市一箕町）へ出馬。このとき、容保は護衛として「白虎隊《びゃっこたい》」の士中二番隊を従えていました。彼ら「白虎隊」は、フランス式軍事訓練を受けた、約300名からなる隊です。足軽隊と約30名の成人将校のほかは、15歳から17歳までの会津藩士の子弟によって編成されていました。士中二番隊も皆、少年兵です。

滝沢村で本陣を構えた容保は、夕刻、戸ノ口原の自軍が劣勢《れっせい》に陥ったと知りました。戸ノ口原を突破されれば、居城・鶴ケ城《つるがじょう》（福島県会津若松市）城下に侵入されます。何としてもそこで、新政府軍を食い止めなければいけません。そこで容保は、士中二番隊を援軍として、同地に派遣《はけん》しました。

しかしながら23日、戸ノ口原の新政府軍が総攻撃をはじめると、会津軍はたちまち半数の兵力を失って敗走しました。派遣された士中二番隊の少年たちも、小銃を手に奮闘しましたが、鶴ヶ城近傍《きんぼう》の飯盛山に撤退《てったい》。

　彼らは飯盛山で、鶴ヶ城方面から火の手が上がるのを目撃《もくげき》しました。城下の火災でした。しかし少年たちはその様子を落城と見誤り、敵に生け捕《ど》りにされるぐらいなら、と自刃《じじん》しました。

　同23日、郭門《かくもん》の1つである甲賀町口《こうかまちぐち》を突《とっ》破《ぱ》した新政府軍は城下へと進軍。それを受け、城外にいた会津藩兵も、滝沢本陣にいた松平容保も城に戻《もど》りました。その後、彼らは壮絶《そうぜつ》な籠城《ろうじょう》戦に突入《とつにゅう》します。まずこの日、敵軍城下侵攻の責任を取り、家老の2人が自刃。城下でも、籠城の足手まといになることを恐れた婦女子の多くが死を選び、

会津戦争の背景

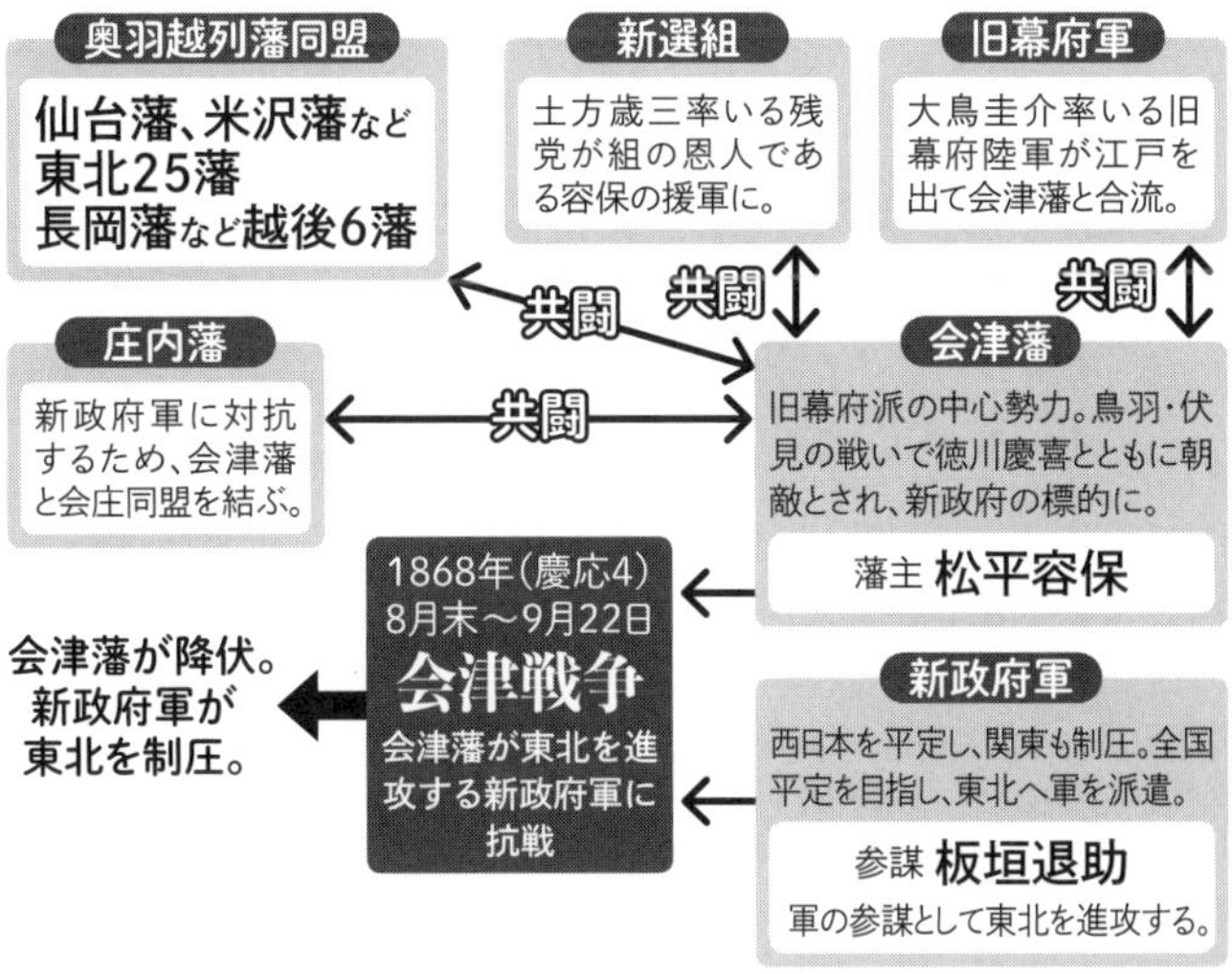

奥羽越列藩同盟
仙台藩、米沢藩など
東北25藩
長岡藩など越後6藩
新選組
土方歳三率いる残党が組の恩人である容保の援軍に。
旧幕府軍
大鳥圭介率いる旧幕府陸軍が江戸を出て会津藩と合流。
共闘
共闘
共闘
庄内藩
新政府軍に対抗するため、会津藩と会庄同盟を結ぶ。
共闘
会津藩
旧幕府派の中心勢力。鳥羽・伏見の戦いで徳川慶喜とともに朝敵とされ、新政府の標的に。
藩主 松平容保
1868年(慶応4)
8月末〜9月22日
会津戦争
会津藩が東北を進攻する新政府軍に抗戦
会津藩が降伏。
新政府軍が
東北を制圧。
新政府軍
西日本を平定し、関東も制圧。全国平定を目指し、東北へ軍を派遣。
参謀 板垣退助
軍の参謀として東北を進攻する。

わずか1日で、140名に及《およ》ぶ人が、自ら命を絶ちました。

　なお、この鶴ヶ城戦では、会津藩士の婦女子らも戦力として活躍《かつやく》しました。会津藩砲術《ほうじゅつ》指南役山本覚馬の妹・山本八重も、七連発のスペンサー銃で敵兵を狙《そ》撃《げき》し、戦果をあげています。また、会津藩勘定《かんじょう》役中《なか》野《の》忠順《ただまさ》の長女・中野竹子《たけこ》が編成した、総員女子による約20名の1隊（会津娘子軍）も、勇猛果敢《ゆうもうかかん》に戦いました。しかしながら竹子は、25日の柳橋《やなぎはし》における苛烈《かれつ》な戦闘《せんとう》で敵弾《てきだん》を受け、妹の介錯《かいしゃく》によって命を落としました。

　その一方、鶴ヶ城を包囲する新政府軍のもとには、各方面から続々と援軍《えんぐん》が到着《とうちゃく》。彼らは26日、鶴ヶ城東南にある小田山を占拠し、築いた台場にアームストロ

そのころ、世界では？

1877～78年ロシアとトルコによる露土《ろと》戦争

ロシア帝国《ていこく》とオスマン帝国（トルコ）は、黒海の制海権とバルカンの支配権をめぐって、17世紀から19世紀のあいだに、12回も争いました。1877年には、ロシアがギリシア正教徒保護を名目として開戦し、オスマン帝国に勝利しました。

ング砲《ほう》など二十数門を据《す》えると、鶴ヶ城めがけて砲撃《ほうげき》を開始しました。新政府軍はその後もさらなる援軍《えんぐん》により兵力を増強し、9月14日早朝、いよいよ鶴ヶ城の総攻撃に打って出ます。

新政府軍の砲弾《ほうだん》は城中に届き、次々と爆裂《ばくれつ》しました。これにより、傷病兵の看護にあたっていた婦女子も、その多くが死亡。小田山の台場から鶴ヶ城まで、多い日には1日で2700発の砲弾が撃ち込まれたとされます。

「将軍家の命令に背いた者に会津藩主の資格はない」それが会津藩祖・保科正之《ほしなまさゆき》の定めた、松平家の家訓でした。養子として藩主の座を継いだ容保は、藩祖との血のつながりがない立場だからこそ、この家訓を死守して、徳川のために幕末政局に臨みました。

しかし、仙台など同盟藩が降伏《こうふく》し、城の内外に3000人に及ぶ死傷者が発生したとなれば、降伏を選ぶ以外、道はもうありません。

9月22日、会津藩の降伏に続いて、盛岡藩（岩手県盛岡市）・長岡藩・庄内藩、そして米沢藩が降伏を決定しました。

戊辰戦争、終わる　―箱館戦争―

1868年（慶応4年）3月に行われた江戸無血開城の会談では、旧幕府の武装解除が決定されましたが、旧幕府海軍副総裁の榎本武揚は、これを拒否しました。同時に榎本は、失業した旧幕臣の将来を考えて、蝦夷地《えぞち》（北海道）開拓《かいたく》を計画。そこで彼は同年の8月19日夜、「開陽《かいよう》」「回天《かいてん》」など旧幕府軍に残された最新鋭《さいしんえい》の軍艦《ぐんかん》8隻《せき》を率いて、新政府に不満をもつ旧幕臣とともに、江戸を脱出《だつしゅつ》しました。

旧幕府艦隊は品川を出航後、美賀保丸《みかほまる》・咸臨丸《かんりんまる》の2艦を嵐《あらし》で失いながらも、8月24日から9月5日にかけて、仙台湾に集結します。そこで大鳥圭介や土方歳三など会津戦争で生き残った旧幕府軍の兵士らと合流し、総勢2500人もの勢力となりました。

蝦夷地に上陸した旧幕府軍は、箱館（北海道函館市）に進軍し、10月25日に五稜郭《ごりょうかく》を占領。翌日、無血入城を果たし、運上所や弁天台場にも日章旗を掲《かか》げて、箱館占拠《せんきょ》を宣言しました。

しかし蝦夷地にはこの地唯一《ゆいいつ》の藩、松前藩が存在します。新政府側についた松前藩の制圧なくして、蝦夷地の平定は成立しません。28日、土方歳三は松前攻略軍を率いて五稜郭を出陣。知内（北海道知内町）や福島（北海道福島町）などで諸隊が戦い、11月5日、松前城攻めに成功しました。

12月、蝦夷地の制圧を終えた榎本ら旧幕府軍は、箱館政府の樹立を宣言します。総裁には、入札（選挙）によって榎本が選出されました。なお、国際法を学んでいた榎本は、欧米《おうべい》列強諸国と交渉し、箱館政府を事実上の政権と認めさせています。

榎本は新政府に対しても箱館政府の認可を求め、嘆願書を提出しました。

しかしながら新政府はこれを拒否《きょひ》し、蝦

箱館戦争旧幕府艦隊の進路

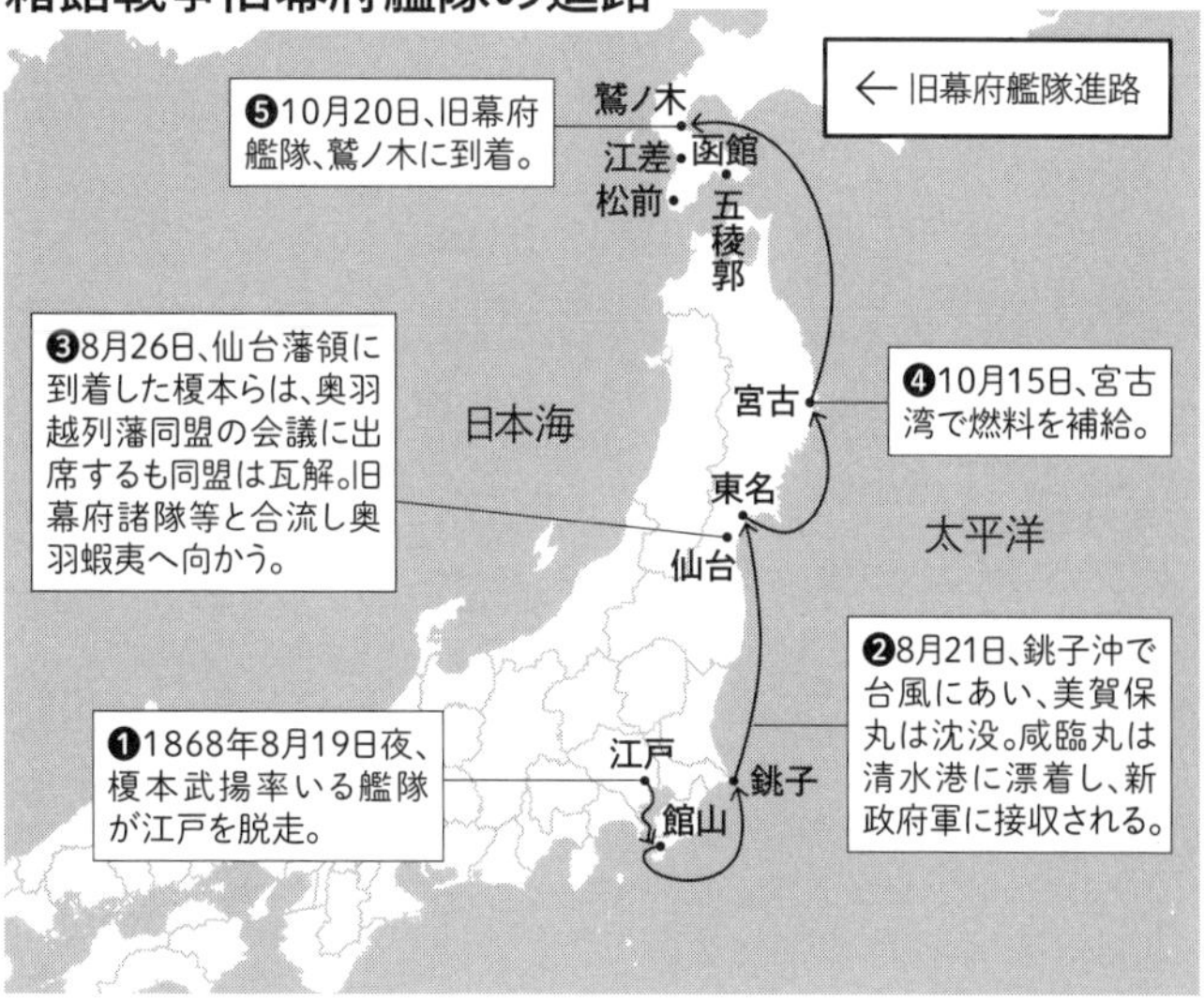

← 旧幕府艦隊進路
❺10月20日、旧幕府艦隊、鷲ノ木に到着。
鷲ノ木
江差
函館
松前
五稜郭
❸8月26日、仙台藩領に到着した榎本らは、奥羽越列藩同盟の会議に出席するも同盟は瓦解。旧幕府諸隊等と合流し奥羽蝦夷へ向かう。
日本海
宮古
❹10月15日、宮古湾で燃料を補給。
東名
仙台
太平洋
❷8月21日、銚子沖で台風にあい、美賀保丸は沈没。咸臨丸は清水港に漂着し、新政府軍に接収される。
❶1868年8月19日夜、榎本武揚率いる艦隊が江戸を脱走。
江戸
銚子
館山

夷地平定を目指して軍を派遣《はけん》、1869年（明治2年）4月9日、乙部《おとべ》（北海道乙部町）に上陸します。

新政府軍はこの乙部から、海岸線を進んで松前口を目指す部隊と、内陸を進み二股口を目指す部隊に分かれました。二股口に進んだ部隊は13日、陸軍奉行並の土方歳三率いる旧幕府軍の迎撃《げいげき》を受け、撤退《てったい》を強いられます。しかし新政府軍の侵攻を食い止めた旧幕府軍も、新政府軍が他の防衛線を突破したことを受け、29日に二股口から五稜郭へ撤退しました。

その後、新政府軍は各戦で勝利を重ね、5月11日に総軍進撃《しんげき》を開始。海陸両面から攻撃《こうげき》を加えました。海戦では、旧幕府艦《かん》の蟠龍丸《ばんりゅうまる》が、新政府軍の朝陽丸《ちょうようまる》を砲撃《ほうげき》し爆発沈没《ばくはつちんぼつ》させるも、甲鉄艦《こうてつかん》の反撃《はんげき》を喰《く》らって座礁《ざしょう》。これをもって、旧幕府海軍は全滅《ぜんめつ》します。

また、侵撃を受けた五稜郭方面の旧幕府軍諸隊も敗走しました。一本木《いっぽんぎ》浜《はま》（北海道函館市）へ上陸した新政府軍との交戦では、土方歳三が腹部に銃弾《じゅうだん》を受けて戦死。新選組を育てあげた鬼《おに》の副長は、故郷の江戸から遠く離《はな》れた、箱館の大地に眠《ねむ》りました。

蝦夷地・箱館の新政府軍参謀《さんぼう》を務める黒田《くろだ》清隆《きよたか》は、5月13日に使者を派遣《はけん》し、旧幕府軍に降伏《こうふく》を勧告《かんこく》します。これを受けて榎本は恭順を決意し、18日、大鳥圭介らと亀田村（北海道函館市）の陣屋《じんや》に赴《おもむ》き、新政府軍との面接を経て、箱館に護送されました。箱館政府の武器はすべて押収《おうしゅう》され、諸隊の兵も護送・収容。

箱館戦争、そして約16ヶ月にわたり続いた戊辰戦争は、ここに終結しました。

戊辰戦争は、強い西国諸藩と弱い東国諸藩が争った戦争としてとらえられがちです。しかし、東国諸藩など旧幕府軍は、西国に劣《おと》らない、充実《じゅうじつ》した軍備を持っていました。結果として戦術の差で敗北しましたが、東日本に新政府をしのぐ政権が誕生しても、おかしくない状況でした。

旧幕府軍の総督《そうとく》を務めた榎本は、国際法に関する知識が惜《お》しまれて、収監《しゅうかん》から3年後に赦免《しゃめん》。新政府に出仕し、「賊軍《ぞくぐん》の首領」という異色の経歴を持ちながらも、海軍中将兼特命全権公使に任命されました。彼はロシアで樺太《からふと》・千島《ちしま》交換条約を締結し、以後も複数の内閣で大臣を歴任、子爵《ししゃく》に叙爵《じょしゃく》されました。

column 7

スムーズな政権交代

「無血」を誇った伊藤博文《いとうひろぶみ》

1872年（明治4年）、アメリカを訪れた岩倉使節団の伊藤博文は、サンフランシスコの演説において、「維新《いしん》の内乱は、一時的な結果に過ぎない」と語り、大政奉還《たいせいほうかん》から廃藩置県《はいはんちけん》に至る政治改革によって、江戸時代以前から続く日本の「封建制度」が「1発の銃《じゅう》も発せず、1滴《てき》の血も流さずに完全に廃《はい》止《し》され」たことを、世界の国々の革命と比《ひ》較《かく》して、スムーズに展開したと誇《ほこ》りました。

もちろん、この伊藤の弁は、戊《ぼ》辰《しん》戦争の犠《ぎ》牲《せい》には触《ふ》れておらず、新政府の立場からの勝手な言い分ではあります。

しかし戊辰戦争は、クリミア戦争（ロシア対英仏トルコ他連合軍1853〜56）や、アメリカの南北戦争（1861〜65）などで使用された武器が、大量に輸入されて使われた、日本初の「近代戦争」でありながら、

同時期の世界の戦争の被害比較

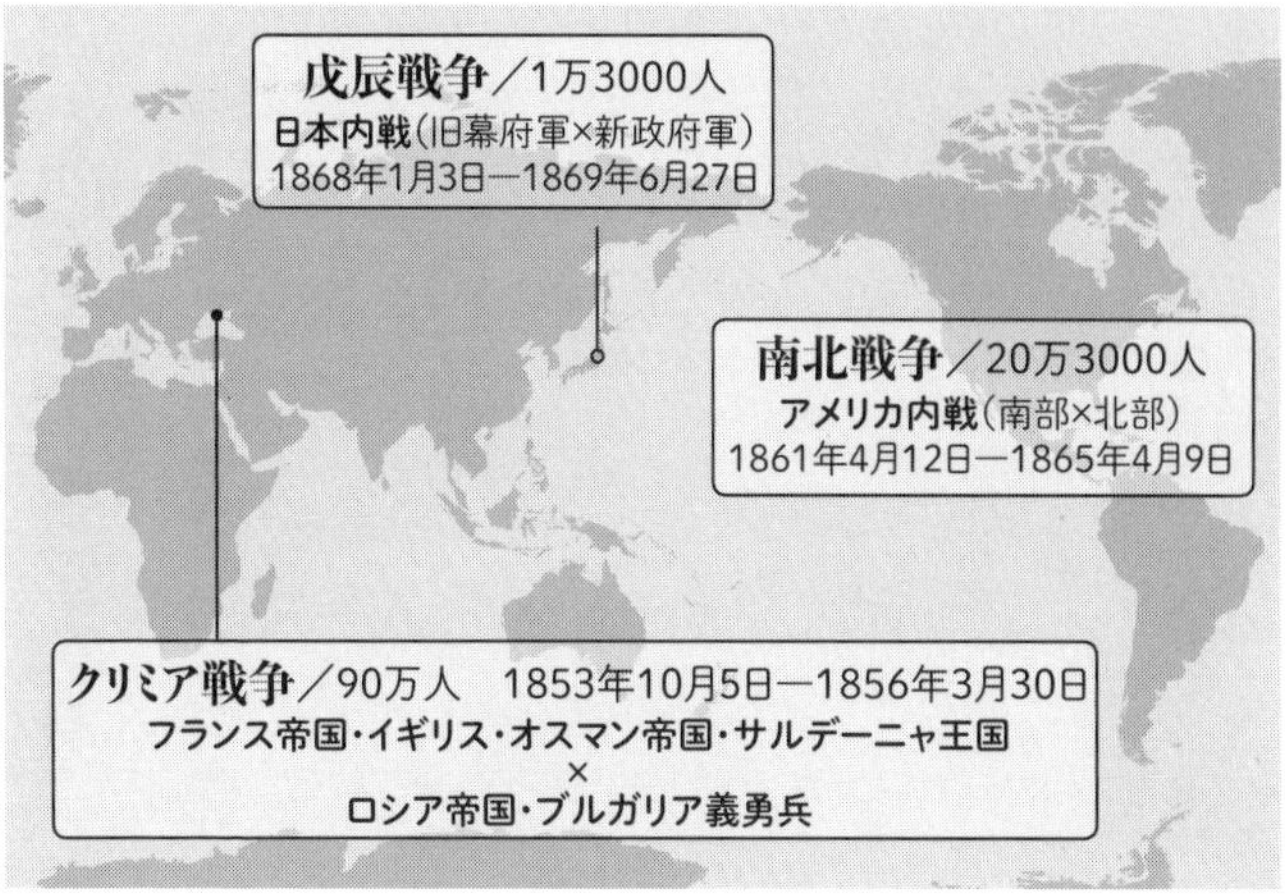
戊辰戦争／1万3000人
日本内戦（旧幕府軍×新政府軍）
1868年1月3日―1869年6月27日
南北戦争／20万3000人
アメリカ内戦（南部×北部）
1861年4月12日―1865年4月9日
クリミア戦争／90万人　1853年10月5日―1856年3月30日
フランス帝国・イギリス・オスマン帝国・サルデーニャ王国
×
ロシア帝国・ブルガリア義勇兵

その戦死者は意外と少なく、戦争全体では、旧幕府軍８６２５人、新政府軍４９２５人でした。

対して、同じ武器・弾薬《だんやく》を使ったクリミア戦争では、計約90万人が死傷。アメリカ南北戦争では約20万３０００人が戦死、全体では62万人が戦病死しています。

西洋列強の外圧のなか、近世初期の兵農《へいのう》分離《ぶんり》による戦争参加者の制約のもと、国学によるナショナリズムと、洋学による合理的・客観的な知識や意識の浸透《しんとう》が相乗効果を発揮した「日本文明」は、最小の犠牲《ぎせい》で政権交代の道を歩んだといえるでしょう。

最後の内戦 ―版籍奉還《はんせきほうかん》・廃藩置県《はいはんちけん》・征韓論《せいかんろん》・西南戦争―

戊辰戦争に勝利し、全国的な支配権を確立した新政府は、明治政府として各種の政策を断行し、次々と日本の基盤《きばん》を整えていきます。

まずは政権を安定させるため、旧幕府の遺産である藩体制の解体を目指し、1869年（明治2年）1月23日に、「版籍奉還」を公表。藩から領土と領民を返上させました。

1871年（明治4年）2月、明治天皇直属の軍隊である「御親兵《ごしんぺい》」を新たに編成し、備えを万全にすると、明治政府は7月14日、知藩事《ちはんじ》となっていた諸藩の旧藩主を召集《しょうしゅう》して、「廃藩置県」を命じます。これにより、東京・大阪・京都の3府と、302県が成立しました。それとは別に開拓使《かいたくし》（北海道開拓使。後の北海道）が設けられ、明治5年には、琉球《りゅうきゅう》王国が琉球藩に改組されます。

廃藩置県に際して、旧藩主たちは知藩事の任を解かれ、明治政府によって各県に、新たな知事が任命されました。また同時に、諸藩が有していた年貢《ねんぐ》徴収《ちょうしゅう》権も政府に移行。明治政府による、中央集権的統一国家が誕生したのです。

1871年11月、立て続けに新政策を打ち立てた明治政府は、その首脳である岩倉具視や大久保利通、木戸孝允《きどたかよし》らを、不平等条約の改正交渉《こうしょう》などを目的として、欧米に派遣《はけん》しました（岩倉使節団）。

彼らの留守は、三条実美《さんじょうさねとみ》や西郷隆盛、大隈重信《おおくましげのぶ》、板垣退助《いたがきたいすけ》、江藤新平《えとうしんぺい》などが務めました。しかしこの「留守政府」は、大規模な施策《しさく》や新人事を行わないという、岩倉たちとの約束にもかかわらず、それらを行い、約2年後に帰国する使節団と、対立を深めることになります。

もっとも問題視されたのは留守政府による「征韓論」でした。国内で攘夷論《じょういろん》が高まっていた朝鮮《ちょうせん》は、日本との国交を断絶しました。これに対し、日本では武力による朝鮮の開国を訴《うった》える征韓論が台頭。板垣が朝鮮の居留民保護のため派兵を主張すると、西郷は自らが遣韓《けんかん》使節として朝鮮に赴くと決定しました。

1873年（明治6年）9月に使節団が帰国すると、この遣韓使節の決定を巡《めぐ》って、政府内の対立が激化します。西郷など留守政府の面々は、反対派の岩倉や大久保、木戸らに敗れて職を辞し、故郷に戻《もど》りました（明治6年の政変）。

近代化を急ぐ使節団と、その留守を預かり、租税《そぜい》を新たにする「地租《ちそ》改正」など廃藩置県の後始末に奔走《ほんそう》した留守政府の間には、埋《う》められない溝《みぞ》が生じていたのです。

その後、征韓派を含《ふく》む反政府派は、士族の不満を集め、各地で武力反乱を起こします。1874年（明治7年）には、江藤ら旧佐賀藩士による「佐賀の乱」、1876年（明治9年）に入ると、旧熊本藩士による「神風連《しんぷうれん》の乱」、旧秋月《あきづき》藩士による「秋月の乱」、前原一誠《まえばらいっせい》ら旧長州藩士による「萩《はぎ》の乱」などが、立て続けに発生。

明治政府はこれらの反乱をすべて弾圧《だんあつ》しましたが、翌1877年（明治10年）2月、ついに鹿児島で西郷隆盛が決起します。最大の士族反乱「西南戦争」の勃発《ぼっぱつ》です。

西郷は帰郷後、廃藩置県によって職を失った士族たちに活躍《かつやく》の場を与《あた》えるため、鹿児島県の支援《しえん》のもと、県下各地に私学校を設立していました。また「吉野開墾社《よしのかいこんしゃ》」を設け、彼らとともに開墾に励《はげ》んでいました。しかし幕府に対する士族たちの不満を抑《おさ》えることができず、西郷は私学校の生徒に擁立《ようりつ》される形で、兵を挙げたのです。

同じ郷中で育ち、無二の親友として幕末を駆《か》け抜《ぬ》けた西郷と大久保は、ここに至って賊軍《ぞくぐん》と官軍に分かれ、争うことになりました。西郷当人が国家構想を論じることはありませんでしたが、彼は大久保ら明治政府が推進する「欧米を真似た近代化」ではなく、農業を基盤《きばん》とした「日本独自の近代化」を理想としたとみられます。

西郷軍は当初この西南戦争を善戦しましたが、要衝《ようしょう》の熊本城を落とせず、明治政府軍に鹿児島を占領《せんりょう》されて苦戦しました。それに伴《ともな》い、各地の支隊も退却《たいきゃく》。西郷は、一部の兵と城山《しろやま》（鹿児島県鹿児島市）に籠《こ》もり、同年9月24日に自刃《じじん》します。

西郷の死をもって激戦が終結したこの日、幕末以来の混乱もまた、終止符《しゅうしふ》を打ったのです。

明治維新《いしん》の正体 ―江戸の達成と官僚《かんりょう》の革命―

最後に、「明治維新」がなぜ起こったのか、その原因について考えてみましょう。

1865年に日本を訪れた、ドイツの考古学者シュリーマンは、自身の『日本中国旅行記』で、「大君（将軍）は伝統的な古来の慣習や旧来の法律に束縛《そくばく》されている以上に、実際には拮抗《きっこう》関係にありながら名目的には従属関係を主張している大名、すなわち封建《ほうけん》諸侯《しょこう》によって抑制《よくせい》され支配されている」と、将軍権力が形式化していること、老中をはじめとする幕府官僚が実権を握《にぎ》っていることを指摘《してき》しています。

つまり当時すでに、国家の運営は、譜代《ふだい》大名や旗本・御家人《ごけにん》などによって構成された、幕府官僚が中心となって行われていた、ということです。

もちろん、幕府が国内の社会的格差を解決できなかったことや、黒船来航からはじまった西欧《せいおう》列強の外圧が、維新の契機《けいき》となったことは間違《まちが》いありません。

しかし、江戸時代中期から顕著《けんちょ》になる、そうした「官僚の台頭」が、江戸前期より続けられた鎖国《さこく》政策の破綻《はたん》、将軍継嗣《けいし》問題などにより、幕末期になって、天皇権威《けんい》を一気に上昇させたのです。天皇権威が上昇すれば、おのずと将軍権力は弱体化し、下落します。

つまり実際の「明治維新」は、国家運営の実質的な担い手が、幕府官僚から旧朝幕藩官僚（朝廷官僚、大名と、旗本・御家人、藩官僚）へと合法的・制度的に拡大・移行した「政権交代」であり、一般《いっぱん》的にイメージされる、徳川将軍家から朝廷への「権威譲渡《じょうと》」とは異なる面を指摘できるのです。

維新は「新国家の誕生」ではなく、そこには江戸時代との連続性が見られるのです。

それでは彼ら官僚たちが、革命ともいえる政権交代をなしえた原動力とは、なんだったのでしょうか。

それこそ、物事を武力で解決する戦国時代を止揚《しよう》して、法と文書で解決する文明化をすすめた江戸時代の、「教育力」でした。

江戸時代、文書を作成し管理する能力は、幕府や藩の行政・経営に欠かせないものとなりました。それらの業務を担う幕府や藩の官僚を育成した機関といえば、本書ですでに見てきた、国元の藩校や、江戸屋敷の藩校、さらには幕府の諸学校です。

意欲的な藩士たちは、長崎や大坂、京都、そして江戸に遊学し、一流の学者からトップレベルの教育を受けました。長州藩が明治維新の牽引《けんいん》役になったのは、明倫館《めいりんかん》など優れた藩校と、松下村塾《しょうかそんじゅく》のような個性的な私塾があったためです。

そうした見方をすれば、明治維新は「江戸（徳川将軍家）」の否定ではなく、「江戸（教育力）」の達成といえるのです。

年表

「幕末のできごと」と「世界のできごと」を合わせて見られる年表です。

年代	幕末のできごと	世界のできごと
1853	・浦賀にペリー率いるアメリカ東インド艦隊来航	・イギリスと清によるアヘン戦争（1840～42）
1854	・「日米和親条約」が締結	・アメリカがメキシコ領テキサスを併合（1845）
1858	・「日米修好通商条約」が締結 ・孝明天皇が水戸藩へ「戊午の密勅」を下賜	・フランスで民衆が王を追放する、フランス2月革命が起こる（1848）
1860	・大老・井伊直弼暗殺「桜田門外の変」	・清で太平天国の乱が起こる（1851～64）
1861	・和宮内親王が徳川家茂に降嫁する	・世界初の万国博覧会がロンドンで開催（1851）
1863	・薩摩藩が「薩英戦争」でイギリスと講和を結ぶ	・フランスでルイ・ナポレオンが皇帝に即位（1852）
1864	・新選組がクーデターを阻止「池田屋事件」 ・公武合体派のクーデター「八月十八日の政変」 ・長州藩が御所を襲う「禁門の変」 ・幕府が第1次長州戦争を決行	・イギリスがビルマを侵略（1852） ・フランスのジファールが世界初の飛行船を開発（1852）

1866

・長州藩が「下関戦争」で欧米4カ国に敗北する
・薩摩藩と長州藩が「薩長同盟」を結ぶ
・幕府が第2次長州戦争を決行するも大敗する
・徳川慶喜第15代将軍に就任する

1867

・徳川慶喜「大政奉還」の上表を朝廷に提出する
・岩倉具視が新政府を樹立「王政復古の大号令」

1868

・鳥羽・伏見の戦いを機に「戊辰戦争」始まる
・勝海舟と西郷隆盛の会談により旧幕府軍が無条件で江戸城を明け渡す「江戸城無血開城」
・会津戦争で新政府軍が東北を制圧

1869

・箱館戦争での新政府軍の勝利で戊辰戦争が終結

1871

・廃藩置県により藩が廃止され、全国に県が成立

1877

・明治政府が西南戦争で西郷軍に勝利

・ロシアと連合軍によるクリミア戦争が起こる（1853〜56）
・ムガル帝国が滅亡する（1858）
・イギリスの博物学者、ダーウィンが『種の起源』を発表（1859）
・清（中国）の西太后が政権を掌握（1861）
・イタリア王国が成立する（1861）
・ベトナムとフランスがサイゴン条約を締結（1862）
・スイスのジュネーヴに国際赤十字が設立（1863）
・アメリカで南北戦争が起こる（1861〜65）
・スエズ運河が開通する（1869）
・ドイツ帝国が成立する（1871）
・ロシアとトルコによる露土戦争が起こる（1877〜78）

参考文献

『日本史の論点　邪馬台国から象徴天皇制まで』　中公新書編集部（中央公論新社）

『新選組　「最後の武士」の実像』　大石 学（中央公論新社）

『日本史年表・地図（2020年版）』　児玉幸多（吉川弘文館）

『一九世紀の政権交代と社会変動　社会・外交・国家』　大石 学（東京堂出版）

『幕末　列藩&人物名鑑』　大石 学（NHK出版）

『幕末維新史年表』　大石 学（東京堂出版）

『江戸幕府大事典』　大石 学（吉川弘文館）

『明治維新』　遠山茂樹（岩波書店）

『ペリー来航　日本・琉球をゆるがした412日間』　西川武臣（中央公論新社）

『井伊直弼』　母里美和（吉川弘文館）

『ハンドブック近代日本外交史　黒船来航から占領期まで』
　箕原俊洋/奈良岡聰智編著（ミネルヴァ書房）

『史上最強カラー図鑑　幕末・維新のすべてがわかる本』　柴田利雄（ナツメ社）

『幕末日本と対外戦争の危機　下関戦争の舞台裏』　保谷 徹（吉川弘文館）

『安政の大獄　井伊直弼と長野主膳』　松岡 英夫（中央公論新社）

『長州戦争　幕府瓦解への岐路 』　野口 武彦（中央公論新社）

『戦況図解 戊辰戦争』　木村幸比古（三栄）

『戦況図解 西南戦争』　原口 泉（三栄）

『密航留学生たちの明治維新　井上馨と幕末藩士』　犬塚 孝明（NHKブックス）

『文藝春秋12月特別増刊号　西郷隆盛を知る』（文藝春秋）

『吉田松陰とその門下』　古川薫（PHP研究所）

『別冊宝島2483号　江戸の蘭学』（宝島社）

監修　**大石　学**（おおいし　まなぶ）

1953年、東京都生まれ。東京学芸大学名誉教授。NHK大河ドラマ『新選組！』『篤姫』『龍馬伝』『八重の桜』『花燃ゆ』等の時代考証を担当。2009年、時代考証学会を設立、同会会長を務める。

編集・構成／常松心平、一柳麻衣子（オフィス303）、藤田千賀
装丁・本文デザイン／倉科明敏（T.デザイン室）
文／藤田千賀
イラスト／磯村仁穂
図版／竹村朋花（オフィス303）

世界のなかの日本の歴史
一冊でわかる幕末

2020年11月30日　初版発行
2024年12月30日　4刷発行

監修　大石　学

発行者　小野寺優
発行所　株式会社河出書房新社
〒162-8544
東京都新宿区東五軒町2-13
電話03-3404-1201（営業）
03-3404-8611（編集）
https://www.kawade.co.jp/
組　版　株式会社オフィス303
印刷・製本　TOPPANクロレ株式会社

Printed in Japan
ISBN978-4-309-72202-3

この時代にも注目！

世界のなかの日本の歴史
一冊でわかる戦国時代
【監修】大石 学
なぜ戦うのか？
平和か、誇りか、家名のためか。乱世を生き抜くための、それぞれの戦い。
★地侍 ★応仁の乱
★謀反 ★桶狭間の戦い
★南蛮貿易 ★鉄砲
★下剋上 ★清洲会議
★兵農分離 ★天海
★朱印船 ★一向一揆
★キリシタン大名
★大坂の陣 ★和睦
コラム
そのころ、世界では？
で世界史もグッとつかめる！
河出書房新社

応仁の乱から江戸幕府成立までを、図解やイラストを入れて
わかりやすく解説した一冊。

ISBN978-4-309-72201-6